半坡类型墓葬人骨位置
结构异常研究

王叶 著

上海古籍出版社

本书由西安文理学院文博申硕建设专项资助出版

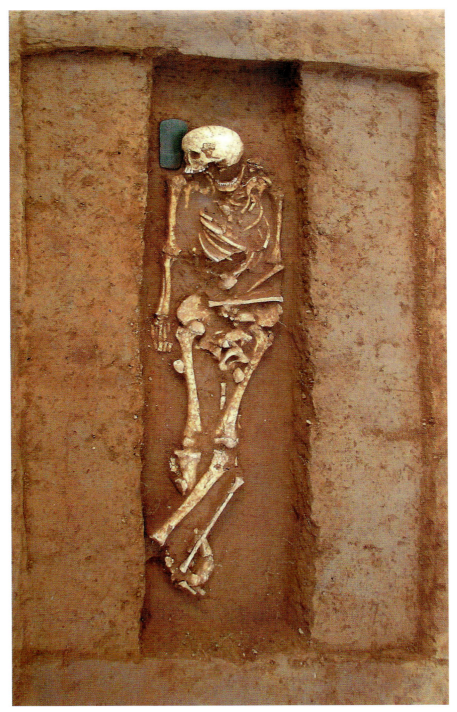

图版一　西坡 M9

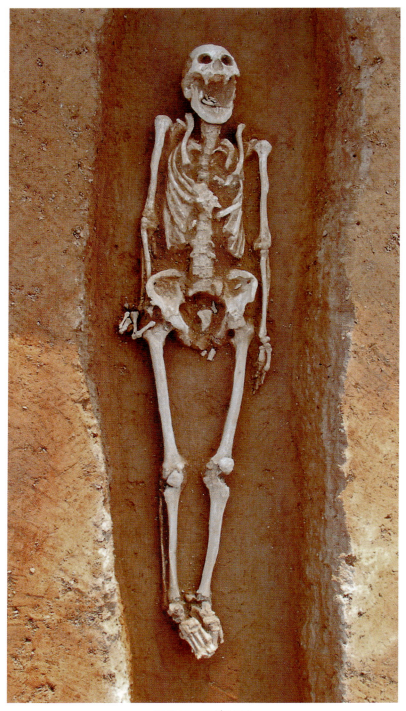

图版二 西坡M12

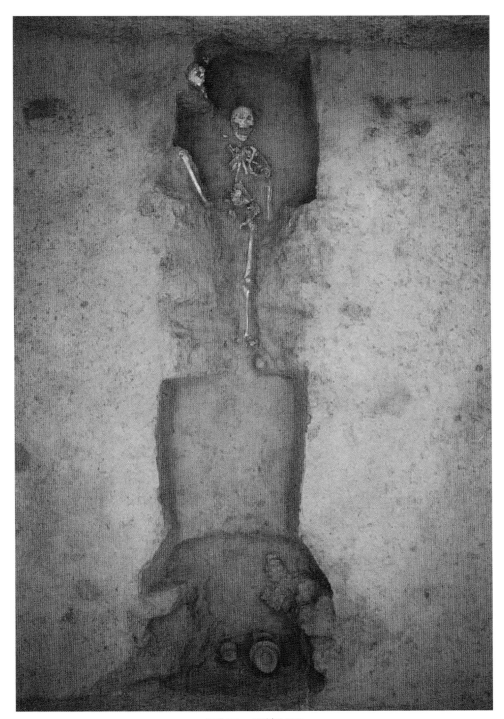

图版三　西坡 M29

图版四　西坡M29随葬拼堆积

图版五　西坡M29塌陷

图版六　磨沟 M260 再次挖开墓道与原始墓道

图版七　磨沟 M907 偏室人骨及部分随葬品

图版八　磨沟 M907 骨匕出土情况

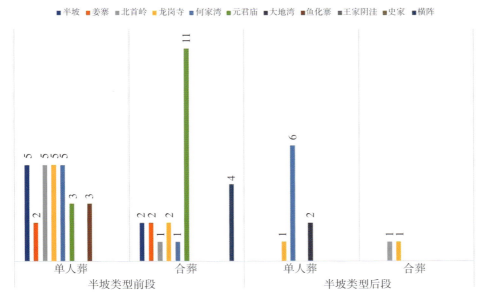

图版九　半坡类型墓葬多次使用现象

图版一〇　西坡M29草拌泥层塌陷图

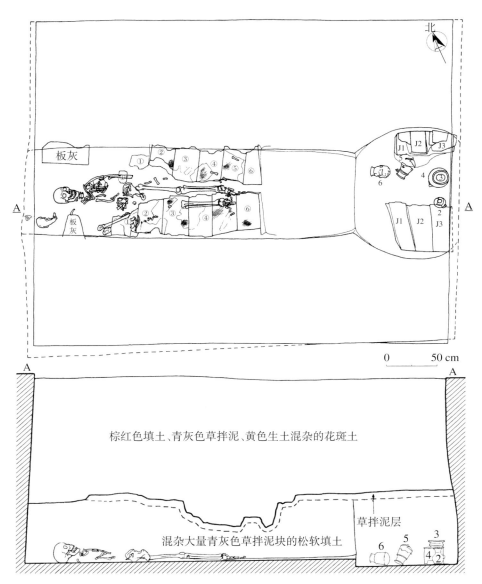

图版一一　西坡 M29 人骨位置及填土堆积示意图 (据报告插图改制)

目　录

插 图 目 录

第一章 绪 论

墓葬是人类对死者尸体的特殊处理方式,隐含着极为丰富的情感与思想。在"事死如事生"的丧葬观念的影响下,墓葬所呈现的正是现实社会的缩影。基于墓葬资料的相对完整性、分期断代方面的有效性,以及能较完整地呈现社会组织等特征,墓葬成为考古学研究的重要领域之一。尤其对于探讨当时的社会生活方式、社会组织以及社会性质等问题,墓葬资料具有难以替代的作用。

墓葬结构的重要价值无需赘言;随葬品不仅具有分期断代的重要作用,同时也包含着丰富的社会生产生活内容,一直受到研究者的高度关注;墓葬及其布局规划背后所隐藏的埋葬制度、家庭结构、社会组织等信息,也是学者们关注的热点内容之一。随着考古研究的不断深入、墓葬新资料的不断涌现以及研究方法的不断进步,我们不难发现以往的墓葬发掘资料和相关研究所存在的一些问题或不足。以往对墓穴部分的发掘基本都采取整体向下清理的方法,致使填埋堆积中的埋藏信息难以有效获取。而填埋堆积中的埋藏信息,恰恰是揭示墓穴使用过程的重要线索。这种墓葬信息资料获取方式的局限性,明显不利于对墓穴使用过程的研究,因而相关研究进展甚为有限。

本书试图借鉴解剖发掘墓葬的理念及相关成果,通过墓葬人骨位置结构异常所体现的埋藏特征,分析半坡类型墓葬的使用过程,进一步揭示考古埋藏学方法在墓穴使用过程、埋葬习俗研究方面的重要作用,以求拓展墓葬研究的深度和广度。

半坡类型是以半坡遗址早期遗存为代表的仰韶文化早期类型[1],年代约

---

〔1〕 中国大百科全书总编辑委员会《考古学》编辑委员会、中国大百科全书出版社编辑部:《中国大百科全书·考古学》,中国大百科全书出版社,1986年,第595～602页。

为公元前4800～前4300年。这类遗存以红陶为主,平底器较多,也有圜底器和尖底器,陶器大都饰有纹饰,彩陶纹饰以动物纹居多;房屋建筑以地穴式、半地穴式为主;葬式以仰身直肢葬为主,也有少量的二次葬等[1]。20世纪90年代以来,半坡类型又被称为"半坡文化"[2]。客观而言,无论是考古学文化还是其下的地域类型,其分布空间上的地域特征都非常显著。考虑到考古学文化的地域范围之大,以及有利于推广考古学知识的社会需要,本书仍以仰韶文化半坡类型论之。目前对于半坡类型存在争议的地方主要在于"史家类型"是否是半坡类型。史家遗址发掘简报认为,史家类型是源于半坡类型但晚于半坡类型的一种全新的文化类型[3]。张宏彦认为:"史家类型是源自仰韶文化半坡类型,分布于渭水流域,介于仰韶文化半坡类型和庙底沟类型之间的文化遗存。"[4]张瑞岭认为:"半坡、史家、庙底沟三类型的相互关系应当是这样的:当半坡类型沿着渭河一带自西向东发展,到了晚期阶段时,在关中东部兴起了庙底沟类型,史家类型即这两种类型在并列发展阶段时相互渗透、互相影响而产生的一个新的变种……它的分布地区可能主要就在西安以东与渭南地区西部之间一带,并有一段相对的稳定发展时期。"[5]王小庆认为:"对于这类文化遗存(史家类型)的认识,目前学术界尚有一些不同看法,一般多将这类文化遗存归入半坡类型,将其视为半坡类型的晚期遗存,实际上它与西安半坡遗址仰韶早期为代表的文化遗存有一定的区别,应将二者划分开来。"[6]朱乃诚认为所谓史家类型,整体文化内涵是半坡类型的延续发展,是一个系统且不断发展的文化类型,其间的细微差距是文化发展过程中所呈现的

---

〔1〕 严文明:《论半坡类型和庙底沟类型》,《仰韶文化研究》,文物出版社,1989年,第110～121页;苏秉琦:《关于仰韶文化的若干问题》,《考古学报》1965年第1期,第51～82页。

〔2〕 赵宾福:《半坡文化研究》,《华夏考古》1992年第2期,第34～55页;孙祖初:《半坡文化再研究》,《考古学报》1998年第4期,第419～446页;王炜林:《半坡与半坡文化的相关问题》,《中国史前考古学研究——祝贺石兴邦先生考古半世纪暨八秩华诞文集》,三秦出版社,2004年,第198～205页。

〔3〕 巩启明:《陕西渭南史家新石器时代遗址》,《考古》1978年第1期,第41～53、84页。

〔4〕 张宏彦:《再论"史家类遗存"》,《考古》2016年第4期,第75～90页。

〔5〕 张瑞岭:《略论渭南史家遗存的文化性质与年代》,《考古与文物》1980年第2期,第90～94页。

〔6〕 王小庆:《论仰韶文化史家类型》,《考古学报》1993年第4期,第415～434页。

正常表现[1]。张忠培认为史家村墓地为半坡类型较晚阶段[2]。严文明认为"史家墓地属于半坡早期遗存,为半坡类型的组成部分,不必另立新名,称为半坡类型后段"[3]。史家类型中的器物组合和半坡遗址早期文化相比未发生改变,仅为部分器物形态有变化,所以在文化内涵上史家类型和半坡早期类型应属于一个文化类型,只是在文化类型发展阶段上存在前后关系。基于"史家类型"与半坡类型前段的差异程度相对较小,本书视之为半坡类型后段,即半坡类型墓葬实际也包括所谓的"史家类型"墓葬。

自半坡类型确认之日起,学界就对包括墓葬在内的半坡类型遗存展开了大量研究工作。据统计:自1955年至2017年,有关半坡类型的研究性学术文章已达300余篇。这些成果既是进一步展开相关研究的重要基础,又是后续研究难以逾越的挑战。如果没有新的切入点,便很难开展后续研究。

墓葬作为史前考古学研究的主要对象之一,较之于保存状况相对较差,或者碎片化信息特征更为突出的房址和灰坑等,更能直观展示当时的生产生活状况,集中体现当时人的丧葬观念以及埋葬制度等,因此墓葬是展示当时社会最为全面的实物资料。姑且不论墓葬随葬品在文化分期以及社会生产力发展水平研究方面的重要作用,仅就墓葬结构而言,也可在不同层面上揭示出当时的建筑技术等内容。墓葬人骨资料对于研究当时的社会人口构成、性别比例、婚姻形态、家庭结构以及社会结构等,都具有无法取代的重要作用。因此,墓葬研究始终是考古学研究的重要内容之一。虽然前人对半坡类型墓葬的研究已相当深入,但新资料、新方法、新理念的出现,依然为我们提供了继续研究半坡类型墓葬的契机。

一 半坡类型墓葬发现与研究概述

自发掘发现至今,半坡类型墓葬的代表性遗址主要有:半坡[4]、姜寨[5]、

〔1〕 朱乃诚:《半坡类型早期文化遗存初探》,《考古与文物》1992年第3期,第69～80页。

〔2〕 张忠培:《史家村墓地的研究》,《考古学报》1982年第2期,第147～164页。

〔3〕 严文明:《半坡仰韶文化的分期与类型问题》,《仰韶文化研究》,文物出版社,1989年,第67～86页。

〔4〕 中国科学院考古研究所、陕西省西安半坡博物馆:《西安半坡》,文物出版社,1963年。

〔5〕 半坡博物馆、陕西省考古研究所、临潼县博物馆:《姜寨——新石器时代遗址发掘报告》,文物出版社,1988年。

史家[1]、王家阴洼[2]、元君庙[3]、大地湾[4]、横阵[5]龙岗寺[6]、北首岭[7]、李家沟[8]、紫荆[9]、何家湾[10]、鱼化寨[11]等,总计千余座墓葬(如未作特殊说明,本书所采用的半坡类型墓葬的资料均源于上述遗址的发掘简报或报告,不再重复加注)。墓葬资料的具体情况如下:

半坡遗址位于浐河东岸二级阶地上,1953年春由西北文物清理队发现,1953年9月由中国科学院考古研究所陕西调查发掘团进行调查,1954年到1957年又经前后五次发掘,2002～2005年因陈列大厅改建发掘原遗址保护大厅的东侧、后厅的南侧。1963年考古发掘报告出版。半坡遗址共发掘墓葬179座。

姜寨遗址位于陕西省西安市临潼区北部,1956年由黄河水库考古队调查发现,1958年陕西省文物管理委员会对此地进行文物普查,1972年平整土地时发现姜寨新石器时代遗址,从1972年4月至1979年11月,前后共进行了十一次考古发掘。1988年考古发掘报告出版。姜寨遗址共发现半坡类型墓葬365座。

史家遗址位于陕西省渭南市南约15公里的酒河西岸,1973年考古调查时

〔1〕 西安半坡博物馆、渭南县文化馆:《陕西渭南史家新石器时代遗址》,《考古》1978年第1期,第41～53页。
〔2〕 张朋川、闫渭清:《甘肃秦安王家阴洼仰韶文化遗址的发掘》,《考古与文物》1984年第2期,第1～18页。
〔3〕 中国社会科学院考古研究所、北京大学历史系考古教研室:《元君庙仰韶墓地》,文物出版社,1983年。
〔4〕 甘肃省文物考古研究所:《秦安大地湾——新石器时代遗址发掘报告》,文物出版社,2006年。
〔5〕 中国社会科学院考古研究所陕西工作队:《陕西华阴横阵遗址发掘报告》,《考古学集刊4》,1984年,第1～39页。
〔6〕 陕西省考古研究所:《龙岗寺——新石器时代遗址发掘报告》,文物出版社,1990年。
〔7〕 中国社会科学院考古研究所:《宝鸡北首岭》,文物出版社,1983年。
〔8〕 西安半坡博物馆:《铜川李家沟新石器时代遗址发掘报告》,《考古与文物》1984年第1期,第5～33页。
〔9〕 商县图书馆等:《陕西商县紫荆遗址发掘简报》,《考古与文物》1981年第3期,第33～47页。
〔10〕 陕西省考古研究所、陕西省安康水电站库区考古队:《陕南考古报告集》,三秦出版社,1994年。
〔11〕 西安市文物保护考古研究所:《西安鱼化寨遗址仰韶文化土坑墓发掘简报》,《考古与文物》2011年第6期,第3～9页。

发现，1976年春为配合当地农田基本建设对遗址的墓葬区进行了发掘。1978年简报发表。史家遗址共发掘和清理半坡类型墓葬43座。

王家阴洼遗址位于甘肃省秦安县城以北，1981年9月发掘甘肃秦安大地湾遗址时发现，并进行发掘。1984年发掘报告发表。王家阴洼遗址共发现半坡类型墓葬63座。

元君庙墓地位于陕西省华县，1958年北京大学历史系考古专业为配合黄河水库工程，对陕西华县、渭南两地进行考古调查、试掘和发掘工作。元君庙墓地的发掘工作从1958年初冬开始，于1959年夏末结束。1983年考古发掘报告出版。元君庙墓地共发现半坡类型土坑墓57座。

大地湾遗址位于甘肃省秦安县城东北，1958年甘肃省文管会在泾渭流域文物普查中发现，1978年开始大规模发掘，至1984年底结束。2006年考古发掘报告出版。大地湾遗址共发现半坡类型墓葬15座。

横阵墓地位于陕西省华县敷水镇，黄河水库考古队于1955年调查时发现，1958年进行复查及发掘，1958年5月至1959年6月，共进行了三次发掘。1984年考古发掘报告发表。横阵墓地共发现半坡类型墓葬24座。

龙岗寺遗址位于陕西省南郑县石拱乡爱国村的西北部，1959年调查发现[1]，1983年秋季开始发掘，1984年年底结束发掘。1990年考古发掘报告出版。龙岗寺遗址共发现半坡类型土坑墓葬277座。

北首岭遗址位于陕西省宝鸡市区东北部，由宝鸡市文化局调查发现，随后，陕西省文物管理委员会、西北文物清理队和中国科学院考古研究所宝鸡发掘队等对此地进行了考古调查，1958年8月至1978年6月分阶段进行了两次发掘。1983年考古发掘报告编写成册并出版。北首岭遗址共发现半坡类型墓葬120座。

李家沟遗址位于陕西省铜川市南，1973年西安半坡博物馆调查发现，1976年冬至1977年春进行考古发掘工作。1984年考古发掘报告发表。李家沟遗址共发现半坡类型墓葬3座。

紫荆遗址位于陕西省商洛市商县，1953年发现该遗址，1977年8月至1978年7月进行考古发掘工作。1981年考古发掘报告发表。紫荆遗址共发现半坡类型墓葬14座。

---

〔1〕　廖彩樑、马建熙：《陕西汉中专区考古调查简报》，《考古》1962年第6期，第298～304页。

何家湾遗址位于陕西省西乡县板桥乡何家湾村西，1959年由陕西省考古研究所汉水考古队调查发现，1979年陕西省考古研究所进行全面钻探，1980年10月开始发掘工作，至1982年11月结束。1981年对第一阶段发掘所获资料进行初步整理并发表简报[1]，1994年出版发掘报告。何家湾遗址共发现半坡类型土坑墓156座。

鱼化寨遗址位于陕西省西安市雁塔区，2002年至2004年为配合西安外事学院北校区建设，西安市文物保护考古研究所进行了全面勘探和重点发掘。2011年考古发掘简报发表，2017年考古报告编写成册并出版。鱼化寨遗址共发现半坡类型墓葬14座。

综上，半坡类型墓葬的调查和发掘工作自1955年至今一直在持续展开。对于半坡类型墓葬的发现与研究工作，主要分为以下几个阶段。

1955～1965年，为半坡类型墓葬大发现时期。其中半坡遗址、横阵墓地、北首岭遗址、元君庙墓地等，均是这一时期发现并发掘的。在研究方面，这一阶段的半坡类型墓葬研究工作，主要涉及埋葬制度和社会制度等方面的讨论。吴汝祚在《从墓葬发掘来看仰韶文化的社会性质》一文中，通过对墓葬随葬品等方面的研究，认为半坡类型时期处于母系氏族公社时期[2]。张忠培在《关于根据半坡类型的埋葬制度探讨仰韶文化社会制度问题的商榷》一文中，通过对西安半坡、宝鸡北首岭、华县元君庙、华阴横阵四处墓地资料的研究，并结合民族学资料分析，认为半坡类型时期处于氏族部落母权制时期[3]。方扬在《仰韶文化合葬习俗的几点补充解释》一文中，认为半坡类型的合葬墓为母系大家族的合葬墓[4]。

1966～1977年，仅对姜寨遗址、北首岭遗址进行了阶段性发掘，研究工作几乎处于停滞状态。

1978～1990年，是半坡类型墓葬资料整理与报告编写出版的繁荣阶段。在此期间，大部分半坡类型墓葬的发掘报告编写出版。在研究方面，学者们

---

〔1〕 陕西省考古研究所汉水考古队：《陕西西乡何家湾新石器时代遗址首次发掘》，《考古与文物》1981年第4期，第13～26页。

〔2〕 吴汝祚：《从墓葬发掘来看仰韶文化的社会性质》，《考古》1961年第12期，第691～692页。

〔3〕 张忠培：《关于根据半坡类型的埋葬制度探讨仰韶文化社会制度问题的商榷》，《考古》1962年第7期，第377～381页。

〔4〕 方扬：《仰韶文化合葬习俗的几点补充解释》，《考古》1962年第3期，第158～160、166页。

开始关注墓葬资料的研究,注重墓葬分期、文化性质以及文化类型之间的关系研究。关于墓葬分期研究,张忠培在《史家村墓地的研究》一文中,通过对随葬器物的类型学分析将史家村墓地分为三期,并认为史家村墓地为半坡类型的较晚阶段[1]。马洪路在《元君庙墓地的分期与布局——〈元君庙仰韶墓地〉商榷》一文中,根据元君庙墓地叠压打破关系,质疑元君庙墓地发掘报告中的六排两个墓区的划分[2]。伊竺在《关于元君庙、史家村仰韶墓地的讨论》一文中,认为元君庙墓地发掘报告和史家村墓地研究中墓葬的分期是不成功的[3]。关于仰韶文化各文化类型之间的关系,李友谋在《试论半坡和庙底沟类型文化的相互关系》一文中,指出半坡类型早于庙底沟类型,但判断庙底沟类型是否继承自半坡类型还需更多证据[4]。关于半坡类型社会性质的研究,许顺湛在《黄河流域原始社会晚期几个问题的探讨》一文中,通过对半坡类型墓葬随葬品的分析,认为半坡类型时期并非母系氏族社会,墓葬随葬品也并非地位的象征,而是墓主人的私人财富[5]。华泉《半坡类型社会制度研究的进展》一文认为,半坡类型的社会制度为发达的母系社会——母权制阶段[6]。张忠培在《黄河流域史前合葬墓反映的社会制度的变迁》一文中,从合葬墓的性别差异及随葬品多寡方面探讨社会制度,认为元君庙时期属于母系氏族社会[7]。关于社会性质方面的研究,还有李仰松的《试论仰韶文化半坡类型的编年与社会性质》一文[8]。

1990～2000年,堪称半坡类型墓葬研究的检讨与研究内容广泛化阶段。陈雍在《北首岭新石器时代遗存再检讨》一文中,通过对北首岭墓地随葬品的类型学分析,认为北首岭将半坡、庙底沟文化和后岗一期、大汶口文化之间

---

[1] 张忠培:《史家村墓地的研究》,《考古学报》1982年第2期,第147～164页。

[2] 马洪路:《元君庙墓地的分期与布局——〈元君庙仰韶墓地〉商榷》,《中原文物》1985年第1期,第35～41页。

[3] 伊竺:《关于元君庙、史家村仰韶墓地的讨论》,《考古》1985年第9期,第813～819页。

[4] 李友谋:《试论半坡和庙底沟文化的相互关系》,《中州学刊》1985年第3期,第110～114页。

[5] 许顺湛:《黄河流域原始社会晚期几个问题的探讨》,《开封师院学报(社会科学版)》1978年第6期,第74～82页。

[6] 华泉:《半坡类型社会制度研究的进展》,《史学集刊》1984年第1期,第73～78页。

[7] 张忠培:《黄河流域史前合葬墓反映的社会制度的变迁》,《华夏考古》1989年第4期,第94～102页。

[8] 李仰松:《试论仰韶文化半坡类型的编年与社会性质》,《史前研究》1985年第4期,第28～33页。

相互传播、渗透、融合的作用关系表现得非常清楚[1]。王志俊在《试论关中地区仰韶文化的二次合葬墓》一文中,认为姜寨二期类型的墓地是父系氏族墓地,进而认为半坡类型时期为父系氏族社会的繁荣时期,并且出现了贫富差异[2]。王小庆在《论仰韶文化史家类型》一文中,认为史家类型和半坡早期遗存相差较大,应将史家类型和半坡早期文化遗存区分开来[3]。梁星彭在《再论北首岭下层类型的文化性质》一文中,认为北首岭下层类型是早于半坡类型的另一文化类型[4]。赵宾福在《半坡文化研究》一文中,将半坡类型称为半坡文化[5]。关于半坡类型与庙底沟类型的关系,主要有《再论仰韶文化半坡类型与庙底沟类型》[6]与《半坡文化再研究》[7]等。分期研究主要有《姜寨遗址半坡文化墓葬分期试析》[8]。研究内容的广泛性主要体现在:《姜寨史前聚落的经济类型》[9]和《略论仰韶文化半坡类型的社会经济生活》[10],两文均认为半坡类型农业处于刀耕火种时期,渔猎和饲养采集经济在生活中占比较大;婚姻制度研究则有《王家阴洼墓地婚姻形态初探》一文[11];人口数量与社会组织结构研究主要有《人口数量的分析与社会组织结构的复原——以龙岗寺、元君庙和姜寨三处墓地为分析对象》[12]和《姜寨一期土坑墓人口自然结构分析》[13]等文章。

2001年至今,可谓研究领域扩大化及新方法介入阶段。研究领域扩大化的代表性文章主要有:《关于史家村、横阵等仰韶墓地的研究及相关问题》,

〔1〕 陈雍:《北首岭新石器时代遗存再检讨》,《华夏考古》1990年第3期,第70～85页。

〔2〕 王志俊:《试论关中地区仰韶文化的二次合葬墓》,《文博》1990年第4期,第24～32页。

〔3〕 王小庆:《论仰韶文化史家类型》,《考古学报》1993年第4期,第415～434页。

〔4〕 梁星彭:《再论北首岭下层类型的文化性质》,《考古》1992年第12期,第1103～1110页。

〔5〕 赵宾福:《半坡文化研究》,《华夏考古》1992年第2期,第34～55页。

〔6〕 魏世刚、何周德:《再论仰韶文化半坡类型与庙底沟类型》,《文博》1999年第3期,第3～7页。

〔7〕 孙祖初:《半坡文化再研究》,《考古学报》1998年第4期,第419～446页。

〔8〕 张治强:《姜寨遗址半坡文化墓葬分期试析》,《考古》1999年第12期,第61～68页。

〔9〕 高强、张青:《姜寨史前聚落的经济类型》,《史前研究》1998年年刊,第300～311页。

〔10〕 巴家云:《略论仰韶文化半坡类型的社会经济生活》,《中原文物》1996年第1期,第49～55页。

〔11〕 王占奎:《王家阴洼墓地婚姻形态初探》,《考古与文物》1996年第3期,第31～39页。

〔12〕 朱乃诚:《人口数量的分析与社会组织结构的复原——以龙岗寺、元君庙和姜寨三处墓地为分析对象》,《华夏考古》1994年第4期,第46～52页。

〔13〕 孙兰、吴超明:《姜寨一期土坑墓人口自然结构分析》,《金田》2013年第5期。

其中涉及人口繁衍代数的研究[1];《从考古学材料看半坡先民开发利用自然资源与环境》[2],其中涉及自然环境、资源的开发利用;《半坡遗址仰韶早期的埋葬方式研究》[3],通过分析半坡遗址早期墓葬的使用过程,进一步探讨埋葬方式。此外,在文化分期等方面也取得了一些研究成果,主要是对以往研究资料的重新检讨,代表性文章有《半坡和庙底沟文化关系研究检视》[4]《龙岗寺半坡文化墓葬的几个问题》[5]《新石器时代"泾渭文化区"的类型学划分》[6]、《龙岗寺半坡文化墓地布局研究》[7]《再论"史家类遗存"》[8]《再审半坡文化和庙底沟文化的年代关系》[9]等。

二 半坡类型墓葬研究中存在的主要问题

墓葬作为相对独立且完整的遗迹单位,是考古学研究中较为特殊的对象。公共墓地相对于生活居址,功能区划相对独立,因而墓地的规划及埋葬现象也被理解为现实社会的缩影。墓葬及埋葬制度等也是考古研究的重心之一。墓葬研究的目标主要包括:研究种族的体质特征、古代埋葬风俗与墓葬形制,通过随葬品了解古代工艺以及社会经济生活,并在这些研究目标基础之上恢复古代社会面貌的一部分,从而研究古代社会及历史[10]。据前文所述,自半坡类型墓葬发现至今,研究工作主要集中在随葬品的分型定式、半坡类型的社会组织与社会结构等方面。然而,墓葬资料是由墓葬遗存转化而来的,在实物遗存转化为实物资料的过程中,相关信息难免有所疏漏。因此,墓

---

〔1〕 王连德、白陶方、刘军:《关于史家村、横阵等仰韶墓地的研究及相关问题》,《天水师范学院学报》2016年第1期,第55～60页。

〔2〕 高强:《从考古学材料看半坡先民开发利用自然资源与环境》,《史前研究》,三秦出版社,2002年,第306～310页。

〔3〕 钱耀鹏、王叶:《半坡遗址仰韶早期的埋葬方式研究》,《西部考古(第八辑)》,科学出版社,2014年,第56～81页。

〔4〕 王仁湘:《半坡和庙底沟文化关系研究检视》,《文物》2003年第4期,第26～34、43页。

〔5〕 李英华:《龙岗寺半坡文化墓葬的几个问题》,《华夏考古》2005年第3期,第70～79页。

〔6〕 赵建龙:《新石器时代"泾渭文化区"的类型学划分》,《考古与文物》2005年第1期,第18～22、48页。

〔7〕 陈畅、唐雪梅:《龙岗寺半坡文化墓地布局研究》,《江汉考古》2013年第1期,第63～72页。

〔8〕 张宏彦:《再论"史家类遗存"》,《考古》2016年第4期,第75～90、2页。

〔9〕 许永杰:《再审半坡文化和庙底沟文化的年代关系》,《考古》2015年第3期,第74～89页。

〔10〕 王仲殊:《墓葬略说》,《考古通讯》1955年第1期,第56～70、16页。

葬的研究工作也应包括从墓葬遗存中最大限度地提取相关信息。通过墓葬人骨位置结构异常所隐含的埋藏信息,进一步分析墓葬的使用过程,则是近几年才出现的新的研究趋势。墓穴使用过程即入葬后的一系列人为活动,集中体现了当时的丧葬观念及相关社会观念,更为详细地反映了当时的埋葬制度。

韩建业曾指出:"墓葬研究一般包括以下几个方面,即墓葬的分期研究、空间布局研究、形成研究及建立在骨骼材料分析基础之上的古人口统计、古病理、古食谱及人种遗传方面的研究。"[1]在墓葬研究中,对墓葬人骨遗存的关注多集中在性别、年龄、DNA分析、微量元素分析以及古病理研究等方面。颜訚认为,人类骨骼在考古学研究中具有重要作用,如人骨复原工作对于人类进化史的重建;古病理所揭示的疾病史有助于探讨现代疾病的起源问题,为民族学研究提供重要资料;性别年龄鉴定有助于探讨社会制度以及社会生活;人骨保存与保护研究,等等[2]。陈淳认为,古人类骨骼微量元素分析和古病理研究,可以揭示当时人类的食物结构、营养健康状况,从而了解史前人类的生活方式和经济形态[3]。

综上所述,与墓葬埋葬习俗有关的人骨信息主要有尸体埋葬姿势、性别、年龄等方面;与体质人类学研究有关的人骨信息主要包括性别、年龄、古病理、古人种等,其中关于人体骨骼结构异常的研究,仅在少数墓葬埋葬习俗以及古病理研究中会有涉及。如墓葬人体骨骼上的骨质创伤、人体骨骼结构在性别和年龄上的差别。但这些人体骨骼结构异常仅仅是指人骨本身生理结构的特征,而与墓穴使用过程有关的人骨埋藏信息,即人体骨骼的位置结构异常,并没有引起人们的关注。以往对于墓葬人骨的研究,多为单独的鉴定分析报告,并未与墓葬资料充分结合。人骨位置结构异常的埋藏信息,则是联结人体骨骼学与考古学研究的重要纽带。

三 研究思路与方法

死者在入葬前的这一阶段,主要为尸体入殓、出殡等一系列丧葬仪式。从考古学的角度来看,入葬前的丧葬仪式,实物资料往往难以企及,需要借助

---

〔1〕 韩建业:《墓葬的考古学研究——理论与方法论探讨》,《东南文化》1992年第Z1期,第32～39页。

〔2〕 颜訚:《人类骨骼在考古学研究中的地位》,《考古通讯》1958年第5期,第55～61页。

〔3〕 陈淳:《古人类骨骼分析与史前研究》,《化石》1993年第3期,第2～3页。

文献资料加以分析说明。然而，对于史前墓葬研究来说，文献资料的有效性便大打折扣。有关史前墓葬的埋葬习俗，几乎无法涉及入葬前的丧葬仪式。不过，根据考古发掘的墓葬遗存，尤其墓葬人骨的埋藏特征，探析入葬后的丧葬行为并非天方夜谭。

前文罗列了半坡类型墓葬考古发掘资料的整理出版情况。由于线图资料的不确定性较强，相关墓葬的文字信息也相对较少，本书遂以埋藏特征相对可靠的照片资料为主，再参考相关的文字介绍，通过墓葬人骨的埋藏特征探讨入葬后的墓穴使用过程。

在半坡类型墓葬中，墓葬的埋葬形式主要有两种——土坑葬和瓮棺葬。土坑葬涉及人骨位置结构异常的信息较多，墓穴使用过程较为复杂，同时可供判断墓穴使用过程的信息较充分，因而本书主要探讨半坡类型中土坑葬墓葬的使用过程及相关问题。

任何研究均需要科学的理论指导，理论是前人无数次研究实践的提炼和总结，并为后续的相关研究提供理论指导。通过墓葬人骨位置结构异常等埋藏特征，探讨半坡类型墓葬的使用过程，除了依托考古地层学和考古类型学的理论支撑外，还需要获得体质人类学和埋藏学方法等相关学科的理论支持。张忠培先生将考古地层学和考古类型学比喻为考古学研究的两个轮子[1]，即两者皆是考古学研究中不可或缺的理论支撑。在本书的研究中，埋藏学分析方法也将在半坡类型墓葬人体骨骼位置结构异常研究方面发挥重要的理论指导作用。亦即墓葬作为一种特殊埋藏类型，埋藏学分析方法的有效性不容忽视。本书的主要研究对象是墓葬人骨的埋藏信息，借以分析墓葬的使用过程等问题，所以，体质人类学、骨骼学以及法医人类学等，都具有重要的理论指导意义。

本书通过释读半坡类型墓葬的人骨埋藏信息，在分类总结墓葬人骨埋藏特征的基础上，得出半坡类型墓葬内存在人骨位置结构异常的现象，而人骨位置结构异常多与墓葬使用过程直接相关。进一步分析墓葬人骨位置结构的形成原因及条件，力求准确把握墓葬人骨位置结构异常的形成与原始埋藏过程中的埋葬行为的关系，最终确认半坡类型墓葬的多次使用证据。最后，在半坡类型墓葬多次使用的基础上，综合讨论与半坡类型墓穴使用过程相关

---

〔1〕　张忠培：《地层学与类型学的若干问题》，《文物》1983年第5期，第60～69页。

的一些问题。在研究过程中,涉及的研究方法主要有体质人类学方法、埋藏学方法、考古学方法等。其中,体质人类学方法是释读墓葬人骨埋藏信息的基础。

本书的研究重点,在于半坡类型墓葬人骨埋藏特征的分类,人骨位置结构异常的形成过程、形成原因与条件,以及通过人骨位置结构异常的形成过程揭示墓葬的使用过程。而通过有限的人骨资料,研究墓葬人骨位置结构异常,并对墓穴多次使用现象的分析与研究,则是本书的创新点。

本书研究的难点,在于半坡类型的墓葬资料基本没有文字性的埋藏信息证据,只能借助发掘报告中的照片资料提炼。在以往考古发掘中,有关墓葬的填埋堆积信息极少保留,随葬品资料又不具有普遍性,因而只能以人骨埋藏特征为主要研究对象。无疑,研究对象上的单一性极大增加了研究的难度。此外,早期编写出版的考古发掘报告,在体例和编写方式方面也存在诸多问题。如下表所示,并非所有报告都将墓葬信息予以全面介绍,而大多是以介绍典型墓葬的方式来表述墓葬信息。再者,墓葬图版照片较少,且普遍为黑白照片;而墓葬线图的不确定性较强,墓葬线图与照片信息不符的情况相当常见。因此,本书主要对照片资料清晰的墓葬进行研究。即便如此,由于拍摄角度、阴影遮挡等各种因素的影响,照片资料所揭示的墓葬信息也不尽如人意。

在具体分析研究过程中,以人骨埋藏特征为主要研究对象,需要大量骨骼学方面的知识,并且注重人骨埋藏细节问题。很多有价值的人骨埋藏信息,就存在于人骨细微的位移或者部分缺失的骨骼之中。另外,以图版照片为主要研究内容,使得本书在很大程度上都是"看图写作"。大量的埋藏信息并没有文字表述,只能从照片上一点一滴地汲取埋藏信息。最后,墓葬人骨位置结构异常以及墓葬多次使用过程是近年来才形成的墓葬研究新领域,还没有太多的研究资料可供参考和借鉴,需要在研究实践中逐步探索总结。

半坡类型墓葬资料统计一览表

遗址名称	墓葬数量	墓葬描述	线　图	图版照片	资料发表形式
遗　址	179	16	7	35	报告
遗　址	174	31	28	19	报告

（续 表）

遗址名称	墓葬数量	墓葬描述	线 图	图版照片	资料发表形式
龙岗寺	277	38	37	30	报告
北首岭	120	9	7	7	报告
元君庙	57	57	32	22	报告
大地湾	15	6	6	0	报告
何家湾	156	32	15	31	报告
横 阵	24	6	5	4	简报
鱼化寨	12	12	12	10	报告
史 家	43	4	4	1	简报
李家沟	3	3	1	1	简报
紫 荆	14	1	1	0	简报

第二章　半坡类型墓葬埋葬
方式分类问题检视

第一节　考古分类的原则和意义

分类是人们在日常生活乃至研究工作中，进一步理解与分析问题的重要手段。分类能将错综复杂、杂乱无章的个体分门别类、细致划分，进而简化研究对象，以保证后续研究工作的顺利展开。分类存在于各个学科的研究中，是一种极其普遍的基础研究方法。各学科因其自身的特殊性，往往在分类的具体操作上各有不同。考古学也不例外，拥有适合于本学科的科学分类体系。分类方式主要有"主位"和"客位"两种[1]。所谓"主位"分类，就是充分尊重研究对象在过去生产生活中所存在的自有分类方式；所谓"客位"分类，亦即科学分类，主要是指研究者通过系列特征对研究对象进行分类。

一　考古分类与考古类型学

在考古学研究中，考古分类与考古类型学的应用极为普遍，两者既有联系又有区别，属于不同的概念[2]。考古分类是为了某种具体研究目标的需求，而进行的一般性的分类方法。考古类型学是考古学的基础理论之一，是科学归纳、分析实物资料的方法论。类型学的概念来自生物学研究，应用到考古学之后逐渐形成了自身的理论体系，其主要目的是为了研究实物遗存的发展演变过程，从而解决实物遗存的年代问题。最初，考古类型学主要应用于器

---

〔1〕 [美] 罗伯特·沙雷尔（Robert J. Sharer）、温迪·阿什莫尔（W. Ashmore）著，余西云等译：《考古学：发现我们的过去》，上海人民出版社，2009年，第232页。

〔2〕 张光直：《考古学专题六讲》，生活·读书·新知三联书店，2013年，第62页。

物的形态演变研究。随着考古学的不断发展,考古类型学在考古学文化研究领域也有了很大的突破。其中,最主要的成就当属苏秉琦在20世纪80年代提出的考古学文化区系类型概念[1]。无可否认,考古类型学早已成为考古学研究中极为重要的方法论,是支撑考古学研究的重要理论基础。尽管如此,考古类型学无法掩盖考古分类的作用和意义,两者在具体研究中所发挥的作用也不尽相同。

概念不同。分类是指一般性的、使用较为广泛的、具体的、综合的研究方法。类型学则是比较系统的研究,是对分类研究理论上的阐述[2]。

研究目的不同。考古分类相对较为宽泛,服从于各种具体研究目标的需要,可以理解为考古学最基础的研究方法之一。考古类型学主要是为了研究实物遗存的发展演变过程,目的在于通过研究渐变过程及其特征解决实物遗存的相对年代问题,确定考古遗存的文化性质,分析社会关系。

分类层级关系不同。考古分类的层级关系不受特定发展演变逻辑关系影响,层级关系与具体研究目的息息相关。对于考古类型学而言,分类层级关系的基本方向是发展与前进的,是随着历史进步而发展的,存在理论上或逻辑上的发展演变关系。

虽然在内涵、研究目的和分类层级关系上,考古分类与考古类型学皆有不同。但不能忽略的是,考古分类是考古类型学研究的基础。考古分类与考古类型学在分析研究过程中都应建立在客观、科学严谨的基础之上。

二　考古分类原则与标准

在日常生活中人们经常有意无意、自觉不自觉地就有分类的意识,这样的分类很随意,没有规律。作为考古学研究中的分类与日常生活中的分类应有不同,应有自身科学严谨的分类原则与标准。

(一)分类原则

关于考古分类原则,并没有学者对其进行专门的研究讨论。但在考古研究过程中,关于分类的原则问题总是不可避免。张光直在《考古专题六讲》之"关于考古分类"中指出:"无论做何种分类,都应有两个原则:一是分类的标

---

〔1〕 苏秉琦、殷玮璋:《关于考古学文化的区系类型问题》,《文物》1981年第5期,第10～17页。
〔2〕 张光直:《考古学专题六讲》,生活·读书·新知三联书店,2013年。

准要明确、客观、有可比性;二是不能为了分类而分类,而要有特定的目的。"[1] 在此基础上,考古分类原则有更为细致的阐述,考古分类原则主要有目的性原则、客观性原则和可行性原则[2]。

目的性原则,即分类要有一定的目的性,并不是为了分类而分类。这是因为考古学面对的研究对象是过去人们生产生活所遗留下来的实物遗存。这些实物遗存并不是单一的简单个体,而是十分复杂且由多重不同因素构成的。任何一个构成因素都代表其自身的属性,不同构成因素代表不同的文化内涵。在构成实物遗存的这些因素中,基于研究目的的不同,主要因素和次要因素也会有所不同,主要因素和次要因素随着研究目的的变化而变化。如果盲目分类,无异于盲人摸象。因而在具体研究目的的指导下,对考古遗存进行科学分类就显得特别重要与必要,并且分类角度及繁简程度取决于研究目的。

客观性原则,即在分类过程中应严格按照考古遗存的客观性特征来进行分类。实物遗存的客观性无需赘言,但分类结果是否客观,则取决于分类原则和标准。如以功能为分类标准,就会极大降低分类结果的客观性,其原因在于功能本身就是一个需要研究的问题。所以,在分类过程中应遵守客观性原则。

可行性原则,即分类要有可比性和可重复验证的可靠性。确定分类的对象时,最重要的一点就是这些分类对象在某个或多个特征方面是有联系的,如果所要分类的对象在任何一个特征方面都没有任何联系,即便强行分类,最后也得不出有意义与价值的研究结果。并且,分类结果要有可重复验证的可靠性。分类结果经不起后来研究的可重复验证,那此前的分类也是存在问题的。

(二)分类标准

分类原则是分类标准确定的基础,分类标准的确定也应遵循目的性、客观性和可行性原则。在具体的考古分类中,同一个研究对象在不同的研究目的下有不同的分类标准。考古分类标准的确定主要取决于研究目的,并没有一个规范化、模式化的分类标准。

---

〔1〕 张光直:《考古学专题六讲》,生活·读书·新知三联书店,2013年,第72页。
〔2〕 钱耀鹏:《考古学概论》,高等教育出版社,2011年,第27页。

第二节　半坡类型墓葬的埋葬方式分类标准检讨

上节简单讨论了考古分类的内涵、原则与标准,说明科学分类是考古学研究的基础,墓葬研究首要解决的问题也应是墓葬分类的问题。在墓葬研究中,墓葬的分类标准主要有:埋葬次数、埋葬人数、人骨埋藏姿势以及葬具等。按墓葬埋葬次数,分为一次葬、二次葬等;按墓葬埋葬人数,分为单人葬和合葬;按人骨埋葬姿势,分为仰身直肢葬、屈肢葬、俯身葬以及侧身葬等;按使用葬具,可分为瓮棺葬、石棺葬和木棺葬等。这些分类标准均可一定程度地揭示出墓葬某些方面的特征,而不同分类标准所形成的分类结果,在墓葬研究中的意义不尽相同。在墓葬的具体研究中,还可以根据主要研究目的将这些分类标准组合成合理的层级关系,从而更好地为研究目的服务。但这些分类标准似已约定俗成,如同模板一般深深地烙印在墓葬研究中几乎没有人对其本身的可操作性与可行性有所质疑。因此,墓葬研究中分类标准的可行性,仍是一个值得思考和探讨的问题。以下仅就半坡类型墓葬分类方式与分类标准进行相关检查与讨论。

一　半坡类型墓葬埋葬方式分类标准简述

根据已发表的半坡类型墓葬,不难发现学界对墓葬埋葬方式的分类不尽相同。如半坡遗址报告将墓葬分为单人葬和合葬两大类,单人葬又分为仰身直肢葬、俯身葬、屈肢葬和二次葬;因合葬墓在半坡遗址发现较少,仅按人数分为四人合葬和二人合葬。半坡报告其实并未直接提到一次葬,而将埋葬方式分为仰身直肢葬、俯身葬、屈肢葬和二次葬。仔细对比报告中的描述以及图片资料(当年半坡报告的编纂方式和现在有很大区别,并没有逐一介绍每一座墓葬,在此只能对比线图、图版以及部分文字描述来进行分析整理),即可发现报告中的仰身直肢葬、俯身葬、屈肢葬应为一般意义上的一次葬。从这一点来讲,半坡遗址中的一次葬数量应该为数不少。在半坡遗址中,还提到一种现象,即"割体葬仪",如M8、M27、M31、M59、M66、M67、M83、M153等,报告推测这些现象有可能是自然原因导致的,也有可能是发掘过程中发生的。具体情况究竟如何,这里暂不讨论。

前文有述,姜寨报告也没有明确提出一次葬的概念,仍将仰身直肢葬、俯身葬等视为一次葬。值得注意的是,姜寨报告在表述葬式时比较混乱,虽然在主体介绍时仍是以仰身直肢葬、俯身葬描述,但在介绍零星墓葬以及墓葬分布图时分为一次葬和二次葬。此外,在姜寨墓地中也有半坡墓地中所提到的"割体葬仪"M10,同样在此先不讨论。

北首岭报告先将墓葬埋葬方式分为单人葬和合葬两大类;再将单人葬分为仰身直肢葬、俯身葬、侧身葬、屈肢葬、二次葬以及葬式不明,合葬墓分为二人仰身合葬、二人二次合葬、二人合葬葬式不明、三人仰身合葬、三人中二人仰身一人二次葬和五人中三人仰身二人二次葬。龙岗寺遗址报告将墓葬分为单人葬、合葬和迁出墓,单人葬分为仰身直肢和二次葬,合葬墓分为二人仰身直肢一次葬、二人二次合葬、三人二次合葬、四人二次合葬和六人二次合葬。

元君庙墓地报告采用了两种分类标准,先按墓葬埋葬人数将墓葬分为单人葬和合葬两大类,单人葬分为一次葬和二次葬,合葬墓分为均为二次葬合葬、一次葬和二次葬合葬以及均为一次葬合葬。又按墓内成员年龄和性别将墓葬分为性别相同的成年人合葬、性别相异的成年人合葬、女性和小孩合葬、性别相异的成年人和小孩合葬以及成年女性和小孩合葬。何家湾遗址将墓葬分为俯身直肢、仰身直肢、俯身屈肢、侧身直肢、二次葬和迁出墓。横阵墓地报告将墓葬分为集体埋葬坑、合葬坑、单人葬。鱼化寨简报将墓葬分为灰坑葬和竖穴土坑葬。

综合上述考古报告,分类结果显示半坡类型墓葬埋葬方式的分类标准主要有:埋葬人数、埋葬姿势、埋葬次数、埋葬方式以及墓内成员的性别、年龄等。这些分类标准表现了墓葬埋葬习俗方面的各种特征,都有一定的研究目的及意义,因而以此作为墓葬分类的标准是没有问题的。但是,由于在具体分类操作上可能存在一些误区,导致半坡类型墓葬分类存在一些问题。

二　半坡类型墓葬埋葬方式分类中存在的问题

将半坡类型墓葬分为单人葬和合葬,这一点不需要太多讨论,问题主要在于次一级分类的具体操作和认识。

综合上述墓葬埋葬方式分类结果分析,基本都将单人葬分为仰身直肢葬、俯身葬、侧身葬、屈肢葬和二次葬。其中,仰身直肢葬、俯身葬等是对墓葬人骨埋葬姿势的描述,二次葬则与墓葬的埋葬次数、使用过程有关。将仰身直肢葬、俯身葬等与二次葬等同起来,混淆了分类的层级关系,仰身直肢葬、俯身葬、屈肢葬等埋葬方式，只能从属于一次葬，而不应直接与揭示埋葬次数及过程的二次葬相提并论。

仰身直肢、俯身、侧身等是对墓葬人骨埋葬姿势的描述，仰身直肢葬、俯身葬、侧身葬等是对墓葬埋葬方式的概括，这是两个不同的概念。而墓葬埋葬方式是要经过一系列科学论证才能得到的认知结果，二次葬也是对墓穴使用过程这一认知结果的描述。将主观的认知结果作为客观墓葬的分类标准，这样就增加了墓葬埋葬方式分类结果的不确定性。

在对合葬墓的埋葬方式分类上，除了存在上述问题外，合葬墓的分类更为混乱、复杂。虽然合葬墓相对单人葬来讲埋葬方式较为复杂，在分类结果上既包含人数又有埋葬姿势以及埋葬次数等多重分类标准，十分冗杂难以梳理，显然已有的分类方式并非最佳。

以上所列半坡类型墓葬埋葬方式在分类方面存在的问题，并不是对前人学术研究贡献的无端否定。无疑，考古学研究本身也需要经历循序渐进的发展历程，研究者难以逾越时代及研究基础的历史局限。随着考古学研究的不断深入，必然会有不同的问题出现，这样才可以更好地促进考古学研究的发展。

报告中虽未明确指出仰身直肢葬、俯身葬等墓葬是"一次葬"，但这样的分类结果很容易让读者主观上默认仰身直肢葬、俯身葬等墓穴使用过程为"一次葬"。相反，在这些简报报告中也注意到了墓葬人骨的异常。半坡遗址等报告发现有人骨局部缺失现象，并用"割体葬仪"来对其进行解释，如半坡M27（随葬陶钵内发现指骨一节）[1]，姜寨M10等。龙岗寺报告直接指出，墓葬中有人骨架缺失现象，且可排除自然破坏或后人扰动等情况[2]，并且认为"肢骨残缺现象是仰韶文化半坡类型墓葬中的一种普遍葬俗，但目前还未能作出比较确切的解释"[3]。曾有学者将尸骨凌乱现象称之为"残骨葬"[4]。经笔

---

〔1〕 半坡博物馆、陕西省考古研究所、临潼县博物馆：《姜寨——新石器时代遗址发掘报告》，文物出版社，1988年，第202页。

〔2〕 陕西省考古研究所：《龙岗寺——新石器时代遗址发掘报告》，文物出版社，1990年，第69页。

〔3〕 陕西省考古研究所：《龙岗寺——新石器时代遗址发掘报告》，文物出版社，1990年，第175页。

〔4〕 王仲殊：《墓葬略说》，《考古通讯》1955年第1期，第56～70、16页。

者仔细辨识发现,人骨异常现象并非"割体葬仪"或"残骨葬"所能完全解释。

对于暂时无法解释的人骨异常现象几乎都可以用"割体葬仪"解释,因而其没有十分明确的概念及内涵。如《屈家岭文化墓葬浅析》一文,将曹家楼M3右胫骨上移视为"割体葬仪"[1]。而且,"割体葬仪"与"割肢葬"[2]之间的区别也不是很清楚。关于"割体葬仪"的具体概念与内容,因与本书研究主题的关联性不强,在此先不予赘述。

半坡类型墓葬普遍存在人骨异常现象。如北首岭78M8(图一),左侧肋骨竖向摆放(②),左小臂尺骨位于桡骨的下端(①)。双手指骨均不见踪影,只在右股骨旁的小平台上有一些骨骼似乎是指骨(③),但是报告中并未说明,不能确定是否为死者所有。半坡M83(图二)左股骨压于右股骨之上(①),胫腓骨却呈屈膝状,左脚骨骼、右腓骨、骨盆及部分腰椎缺失。北首岭77M1、元君庙M402、姜寨M260等也有人骨异常现象存在。

此外,在所谓的"二次葬"中,也有部分墓葬并非传统意义上的二次葬。

图一　北首岭78M8　　　　　　图二　半坡M83

---

〔1〕 周光林:《屈家岭文化墓葬浅析》,《江汉考古》1993年第4期,第34～40页。

〔2〕 宋兆麟:《民族志中的割肢葬》,《中原文物》2003年第2期,第18～23页。

二次葬是史前社会普遍存在的一种葬俗,是指尸骨进行两次或两次以上的埋葬行为。由于埋葬的一般都是白骨化的骨骼,且多数是易地安葬,所以又有"迁骨葬""洗骨葬"等名称[1]。从这一点来看,实施二次葬的尸骨均不是原地安葬,所有骨骼应均不具备原始埋葬特征,即不符合正常人体骨骼结构与相对位置关系。但龙岗寺M408人骨保存情况较好,椎骨以及小腿骨和右股骨都符合正常人体结构和相对位置,小腿骨的生物学结构还保存较好。元君庙M428下肢骨骨骼十分整齐有序,甚至脚趾骨等都在原位,小腿骨骼的生物学结构特征十分明显。此类现象还有元君庙M442和元君庙M431等。除半坡类型墓葬埋葬方式分类标准存在问题外,其分类结果也存在埋葬方式辨识不清等问题。这些情况说明,原有墓葬埋葬方式分类不尽合理,需要重新确定分类标准,进而有效展开相关研究。

三　人骨埋藏特征分类的必要性

通过上文可知,半坡类型墓葬的分类标准较多,不同的分类标准对应不同的研究目的。墓葬埋葬方式的分类存在层级混乱、分类结果不确定等问题,因而对于半坡类型墓葬埋葬方式进行重新确认与分类就很有必要。

在墓葬资料中,可以揭示墓葬埋葬方式的要素主要有墓葬人骨、填土堆积、随葬品和墓葬结构。其中,填土堆积在以往发掘的墓葬中鲜有保留,随葬品或有或无,墓葬结构未必能够完整保留至今。只有墓葬人骨能够较为完整地保留下来,尤其凌乱的尸骨可能与墓葬的埋葬方式与使用过程直接相关。因此,从墓葬人骨出发,对墓葬的埋藏现象重新进行分类,可能有助于探讨墓葬埋葬方式以及使用过程。

---

[1]　张锴生:《我国古代氏族社会二次葬》,《中原文物》1999年第1期,第41～46页。

第三章　半坡类型墓葬人骨埋藏特征分类

前一章通过对半坡类型墓葬埋葬方式分类标准以及分类结果的检讨发现，半坡类型墓葬埋葬方式的分类标准与分类结果都存在一些问题。基于考古分类的目的性、客观性和可行性原则，本书最终确定以墓葬人骨埋藏特征作为半坡类型墓葬的初级分类标准，从而进一步研究墓葬的使用过程及相关问题。

第一节　人骨埋藏特征的主要内容

从某种意义上来说，墓葬可视为一种特殊的埋藏形式，墓葬人骨也具有一些特定的埋藏特征。人骨埋藏特征是指经过考古发掘清理的墓葬中，墓葬人骨所保存的种种特征。在埋藏学中，埋藏类型一般分为原地埋藏和搬运埋藏（异地埋藏）两种形式[1]，这两种埋藏类型对于分析人骨埋藏特征同样适用。人骨原地埋藏是指丧葬仪式结束之后直接进行填埋，直至考古发掘前并没有任何因素影响墓葬人骨个体的原始埋葬姿势。人骨原地埋藏的判断依据，主要是人骨个体各部位之间仍然相连，具有正常的人体骨骼形态、结构与位置关系。人骨异地埋藏与原地埋藏刚好相反，葬入墓穴后的尸骨还经历过各种各样的扰乱现象，异地埋藏的判断依据主要是人骨不具备原地埋藏特征，即人体骨骼各部位之间并不相连或人体各部位骨骼的数量有所减少等。

就墓葬人骨而言，其埋藏特征主要包括以下主要内容：人骨缺失，主要是指人体各部位骨骼的数量有所减少；人骨位移，即人骨现存位置与原始埋藏位置相较发生了变化，不具备原地埋藏特征；人骨姿势，是指墓主埋葬后身体所保持的姿势状态，主要有仰身直肢、侧身屈肢、俯身等，由于人骨姿势并不

---

〔1〕　尤玉柱：《史前考古埋藏学概论》，文物出版社，1989年，第17～44页。

能在人骨埋藏特征方面表现更多的研究信息，且与本书研究的内容相关度不高，在此不再赘述。另外，从某种意义上讲，缺失亦为一种位移，只是不能明确位移后的最终位置为何处。

在对墓葬人骨埋藏特征分类研究时，应首先明确考古发掘过程中的墓葬清理、啮齿类动物啃咬撕扯等都会导致指骨等细碎骨骼缺失或位移。其次，尸体在自然腐化过程中，构成胸腔的胸骨、肋骨会发生外翻等些许位移现象，在此可忽略不计。最后，考古测绘的线图具有较多主观色彩，且由于绘制人员水平参差不齐，并不能准确、客观地体现人骨埋藏特征。在细小骨骼以及骨骼缺失方面，不能准确表明其是否为位移、缺失或腐朽而成。因此，在考察墓葬人骨埋藏特征时，应优先选择附有清晰照片的墓葬资料进行分析。在对人骨埋藏特征进行描述时，应着重关注人骨异常部位。原始埋藏特征明显的人骨部位，因墓葬众多，除非需要特别说明，不予一一赘述。另外，早期公布的墓葬资料，图版照片相对较少，且多为黑白照片，时常造成阴影处人骨辨识不清。出于研究的客观性要求，对于辨识不清的人骨部位不予专门讨论。

第二节　半坡类型墓葬人骨埋藏特征分类

曾有文章对半坡遗址仰韶早期墓葬人骨埋藏特征进行过细致的分析[1]，本书对半坡遗址的墓葬不予详述。以埋藏特征为分类标准，半坡类型的墓葬人骨个体埋藏特征主要分为以下几类：

一　人体骨骼完整有序

人体骨骼基本完整而有序是指，人体骨骼在数量上无缺少，在人体骨骼相对位置关系上无异常。在分析判断时，如果连手、足骨都保存完整而有序，那就基本可以认为其埋藏特征是骨骼基本完整而有序。这类墓葬数量较少，而且也并未完全符合此条件，人骨多少会有些异常情况存在。勉强可以将以下几座墓葬归入此类。

半坡M140（图三），只有照片和简短的文字介绍，依报告所附照片来看，

---

〔1〕 钱耀鹏、王叶：《半坡遗址仰韶早期的埋葬方式研究》，《西部考古》（第八辑），科学出版社，2014年。

图三　半坡M140

图四　姜寨M270

人骨仰身直肢，人骨保存状况较好，保存基本完整有序。只右侧十一、十二肋骨似有残缺，第一腰椎似有残缺，第二、三腰椎稍有错位。

姜寨M270（图四），照片显示人骨为仰身直肢，人体骨骼整体保存完好。所有骨骼都保留了原有的人体骨骼结构，甚至是脚趾骨和肋骨都在其生物结构位置上，没有发生任何位移。

何家湾M18（图五），照片显示人骨为仰身直肢，人骨保存状况较好，基本完整有序。左手骨因随葬品遮挡，情况不明，足部骨骼稍显凌乱。

何家湾M60（图六），照片显示人骨侧身直肢，人骨保存状况较好，基本完整而有序。足部骨骼稍显凌乱，左手臂骨骼因侧身位置埋藏在最下方，具体情况不明。

北首岭77M6（图七），依照片显示并结合线图，人骨仰身直肢，人骨保存状况较好，保存基本完整有序。右足部骨骼稍显凌乱，双手置于骨盆下方，具体情况不得而知。

二　局部骨骼位移或缺失

按照人骨局部骨骼位移方向等显著特征，这类墓葬人骨的埋藏特征还可进一步分为：水平式位移或有缺失、上下位移或有缺失、局部骨骼缺失而无位移三类。这三类并不能独自代表某一人骨个体的全部埋藏特征，往往一具人骨个体会有多重埋藏特征。在分类过程中，多以其主要埋藏特征为分类依据。

图五　何家湾M18　　　图六　何家湾M60　　　图七　北首岭77M6

（一）水平式位移或有缺失

这类墓葬埋藏特征又可以根据骨骼位移的具体方向分为水平式无序位移、水平式横向位移和水平式纵向位移三小类。

1. 水平式无序位移

半坡M32（图八），照片显示人骨为仰身直肢，人骨保存状况较好，完整性较差。左肱骨头端与右股骨头端不在同一水平线上，右肱骨突出（①）*。左小臂骨与左肱骨相互骨骼结构关系不存在，左小臂骨压于左髋骨下方（②）。双手骨骼缺失，左右股骨之间有一疑似指骨（③）。左腓骨未显露，双足骨骼因随葬品遮挡情况不明。

半坡M85（图九），照片显示人骨为仰身直肢，人骨保存状况较好，完整性较差。左肱骨斜向位移至胸椎之上（①），左侧肋骨较凌乱有缺失，左桡骨、左手骨骼缺失。胸椎部分向右呈不正常弯曲状态（②）。左右胫骨仅剩头端部分，腓骨在照片中未显示，左股骨下端有一趾骨。右手骨骼被右髋骨遮挡，照片中未显示，具体情况不明。

---

* 序号①，②……等为图上编号——编者注。

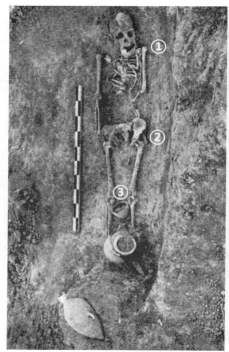

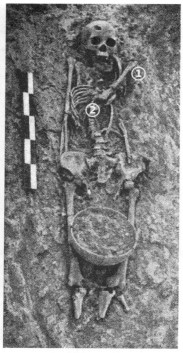

图八　半坡M32　　　　　　　　　图九　半坡M85

半坡M152（图一〇），照片显示为仰身直肢，胸椎散乱，胸骨及腕骨缺失；颅骨左侧有一穿孔，左腿胫骨、腓骨位置颠倒。

龙岗寺M210（图一一），照片显示为三人合葬墓，人骨保存状况较差。1号人骨左小臂桡骨有残损且位移至左臂左侧（②），右小臂尺骨和桡骨分离距离较大，有一肋骨位移至左髋骨附近（③）。左腿骨、双手骨、右足骨缺失。3号人骨右小臂桡骨位移至腹部（①），左侧锁骨位置稍有移动（④）。双手骨骼及双足骨骼在照片中不甚明显，线图中双手骨骼缺失，双足骨骼部分缺失。

龙岗寺M345（图一二），照片显示为仰身直肢，人骨保存状况较好且完整性较高。仅右小臂尺骨、桡骨之间分离距离较大（①），双手骨骼及右脚骨骼因随葬品遮挡从照片上无法了解其具体情况。

龙岗寺M408（图一三），照片显示为仰身直肢，人骨保存状况较好。除颅骨、下颌骨、脊椎骨和右股骨外其余骨骼均有位移。肩胛骨和锁骨位移至头骨右侧

图一〇　半坡M152

图一一　龙岗寺M210

图一二　龙岗寺M345

图一三　龙岗寺M408

（①）。左股骨错位，下端向右侧位移（②），其余骨骼均有不同程度位移。

龙岗寺M296（图一四），照片显示为仰身直肢，人骨保存状况较好，完整性较高。左小臂尺骨、桡骨分离距离较大（①），双手骨缺失。

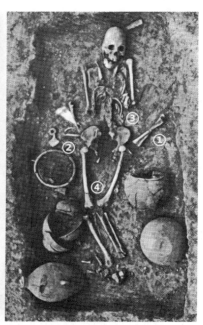

图一四　龙岗寺M296　　　　　　　　图一五　元君庙M419

元君庙M419（图一五），照片显示为仰身屈肢，人骨保存状况较好且较完整。左小臂上端移向左墓壁（①），右小臂尺骨向右移，桡骨移至右髋骨附近（②），左肋骨成束向下位移（③），左右股骨头均不在髋骨髋臼处，足部骨骼散落在左小腿下端附近。

元君庙M448（图一六），照片显示为仰身屈肢，人骨保存状况较好且完整性较高。颅骨位移至右肩部（①），左小臂尺桡骨分离距离较大（②）。两手骨缺失，足部骨骼因随葬品遮挡具体情况不明。

元君庙M442（图一七），照片显示为仰身直肢，人骨保存状况较好且完整性较高。右侧肋骨凌乱，其中两根肋骨位移右肱骨之上（①），左股骨下端与右股骨下端相接（②），髋骨、骶骨和腰椎均向左偏移（③）。小腿骨及足骨和

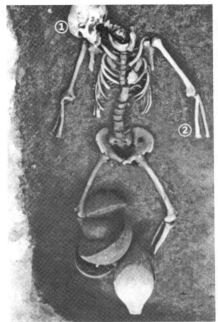

图一六　元君庙 M448

图一七　元君庙 M442

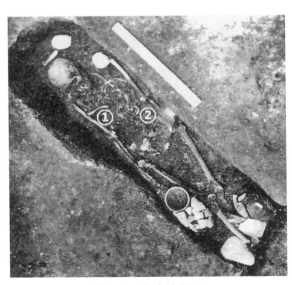

图一八　何家湾 M31

左手骨因随葬品遮挡而具体情况不明。

何家湾M31（图一八），照片显示为仰身直肢，人骨保存状况较差，完整性较差，人骨摆放较为凌乱。一侧锁骨位移至右胸部（①），左桡骨位移至左肱骨右侧（②）。肋骨及椎骨缺失较严重，髋骨不全，双手骨、双足骨和胫骨因随葬品遮挡掩盖导致显露不全，具体情况不明。颅骨、左右肱骨、右小臂及左右股骨等骨骼，符合人体骨骼基本结构和相对位置，具有原地埋藏特征。

何家湾M166（图一九），照片显示为仰身直肢，人骨保存状况较好，骨骼完整性较高。一侧锁骨位移至左肱骨和小臂骨连接处（①）。颅骨破碎，椎骨较凌乱且缺失严重，腰椎部分连接异常，足部骨骼散乱置于墓穴脚端。双足骨骼置于髋骨下方，小腿骨由于随葬品及随葬品阴影遮挡，骨骼并不能完全暴露，具体情况不明。

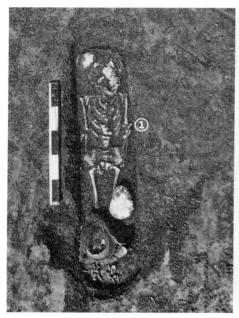

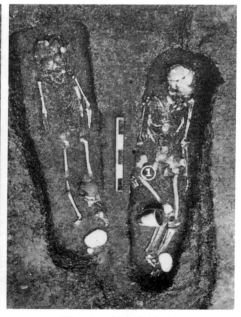

图一九　何家湾 M166　　　　　　　图二〇　何家湾 M162

何家湾M162（图二〇），照片显示为仰身屈肢，人骨保存状况较好，骨骼较完整。颅骨破损，椎骨与肋骨缺失严重，锁骨及肩胛骨亦有缺失，足部骨骼较凌乱。髋骨骨骼似为反面放置且左右髋骨之间距离较远,左右髋骨有位移(①)。

何家湾M40(图二一),照片显示为仰身直肢,人骨保存状况较差,骨骼完整性较好。颅骨破损,右锁骨竖向放置(①),右桡骨上下端反置(②)。左桡骨、双手骨、双足骨骼缺失。右髋骨上方有一疑似骨骼(③),在线图中也并未标明其属性,情况不明。左股骨因随葬品遮挡未能完全显露,情况不明。

图二一 何家湾M40　　　　图二二 何家湾M84

何家湾M84(图二二),据照片,人骨缺失严重,仅剩颅骨和双腿骨骼。颅骨位于左右股骨上端(①)。左右腿部骨骼相互交叉叠压,右腿压于左腿之上,胫腓骨保存完好,符合人体基本骨骼结构与位置结构,具有原地埋藏特征。

何家湾M37(图二三),据照片显示,人骨仰身直肢。人骨保存状况较好,人骨完整性较高。左尺骨位移至腰椎旁边与左桡骨分开距离较大(①)。胸椎骨骼有破损。左桡骨中部有一碎骨骼(②),似为桡骨附有茎突的下端,细部照片显示左桡骨有残损,这一碎骨骼应为左桡骨下端破损骨骼。

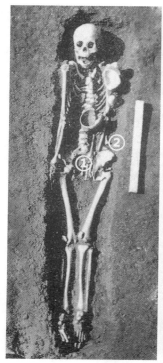

图二三　何家湾M37

图二四　龙岗寺M276

与之有相同人骨埋藏特征的墓葬还有姜寨M260、M275、M158。

2. 水平式横向位移

即人骨骨骼位移在墓穴内呈现出水平横向左右位移状态。

龙岗寺M276（图二四），照片显示为仰身直肢，人骨保存状况较好。右手臂、右手、右肩胛骨、右锁骨以及右腿骨及右脚骨整体向右墓壁方向移动（①）。

元君庙M457（图二五），照片显示为三人合葬，人骨保存状况较好，完整性不高。3号人骨胸椎部分向右侧墓壁方向位移与腰椎形成错位现象（①）。左股骨向左墓壁方向位移与左小腿骨骼有错位（②）。左小臂骨骼上端向左墓壁方向偏移（③）。足部骨骼被随葬品遮挡具体情况不清楚。

元君庙M456（图二六），照片显示为七人合葬，人骨保存状况较好，完整性较高。其中6号人骨的椎骨部分向左墓壁方向位移与头骨形成错位（①），

图二五　元君庙M457　　　　　　　图二六　元君庙M456

并且脊椎骨在腰椎和胸椎连接处呈现不正常的扭曲状态。

　　元君庙M440（图二七），照片显示为十一人合葬，人骨保存状况较好，人骨完整性不高。其中3号人骨腰椎及髋骨和右股骨整体向左墓壁方向位移（①），呈现不符合人体骨骼结构特征的扭曲状态。

　　何家湾M116（图二八），照片显示为仰身直肢，人骨保存状况较差，人骨完整性不高。右小臂与右肱骨有错位，右小臂向右微移（①）。左肋骨、胸骨、部分脊椎骨及左手骨缺失。

　　何家湾M62（图二九），照片显示为仰身直肢，人骨保存状况较好，人骨完整性较高。胸椎与腰椎连接处向右横向扭曲（①）。颅骨破碎，右桡骨及骶骨缺失，双足骨骼仅剩两三颗骨骼。左小臂骨由于髋骨遮挡具体情况不明。右腓骨由于未完全揭露等原因具体情况不明。

　　3. 水平式纵向位移

　　即人骨骨骼位移在墓穴内呈现出水平纵向上下位移状态。

　　龙岗寺M14（图三〇），照片显示为仰身直肢，人骨保存状况较好且完整性较高，右侧锁骨位移至右肱骨旁（①），腰椎与胸椎部分稍有错位（②）。

　　半坡M66（图三一），照片显示为仰身直肢，人骨保存状况较好且完整性

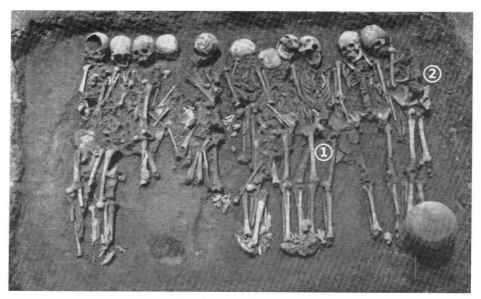

图二七　元君庙 M440

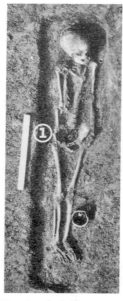

图二八　何家湾 M116

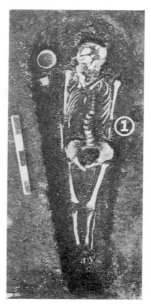

图二九　何家湾 M62

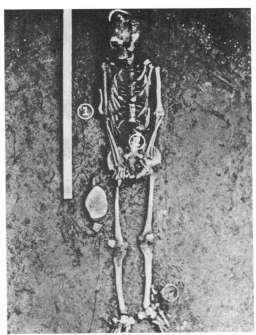

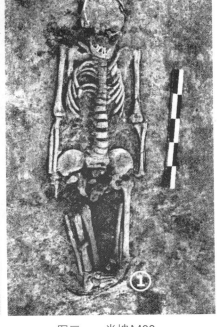

图三〇　龙岗寺M14　　　　　　　　　图三一　半坡M66

较高。左手骨缺失,右手骨仅余部分掌骨。右股骨头端破损,小腿骨与股骨折叠摆放,足部骨骼较完整(①)。

北首岭77M13(图三二),照片显示为仰身直肢,人骨保存状况较好且完整性较高,人骨较为凌乱。左小臂桡骨位移至紧贴腰椎部位(①),右小腿骨骼压于右股骨之下(②),足部骨骼凌乱有缺失,右小臂及双手骨因髋骨遮挡情况不明,右腿因随葬品遮挡情况不明。

何家湾M20(图三三),[1]照片显示为仰身直肢,人骨保存状况较差,完整性较低。左桡骨位移至左小腿骨上端左侧(②)。椎骨、髋骨、骶骨及双手骨缺失。左尺骨残断仅剩一小段。

---

〔1〕　应为原报告第82页的M40。原报告中第85页也有M40这个编号,图版中亦有两座M40。经查半坡类型墓葬登记表发现,表中M20与第82页M40的随葬品和人骨信息一致,表中M40与第85页M40的随葬品和人骨信息一致。而前文文字描述中并未出现M20,故原报告中第82页的M40其编号应为M20,在本文中予以改称。

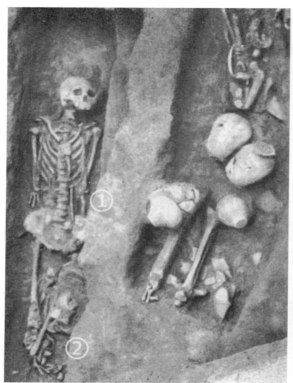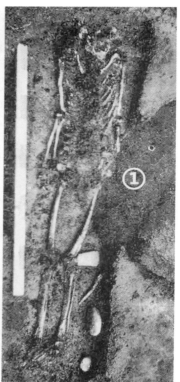

图三二　北首岭77M13　　　　　　图三三　何家湾M20

（二）上下位移或有缺失

即人骨骨骼位移在墓穴内呈现出垂直方向上下位移的状态。

北首岭78M8（图三四），照片显示为仰身直肢，人骨保存状况较好，完整性较高。右股骨右侧的小土台上有三根指骨（①）。左侧肋骨凌乱有位移，左桡骨位移至尺骨下端（②）。腰椎胸椎连接处有错位现象。左手骨缺失，右手骨数量不全，足部骨骼因随葬品遮挡而情况不明。

半坡M8（图三五），照片显示为仰身直肢，人骨保存状况较好，完整度较高。右桡骨向头部方向位移至右股骨附近。左手手骨缺失，右手手骨不全。双足骨骼及右小腿骨骼因随葬品遮挡情况不明。距墓口约20厘米处填土中有两节肢骨（①、②）。

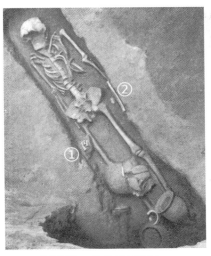
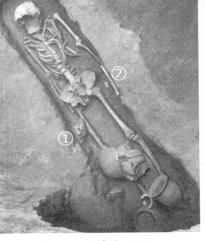

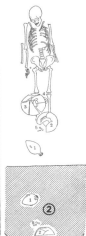

　　图三四　北首岭78M8　　　　　　　　图三五　半坡M8

（三）局部骨骼缺失而无位移

　　局部骨骼缺失而无位移，指人骨骼在完整性方面有缺失，位置结构方面基本无异常及骨骼位移状态。

　　半坡M121（图三六），照片显示人骨俯身直肢，人骨保存状况完好，完整性较差。下颌骨、颈椎、右肩胛骨、大部分胸椎以及肋骨有明显缺失（①）。

　　龙岗寺M17（图三七），照片显示人骨仰身直肢，人骨保存状况较好且完整性较高，两手骨和两足趾骨缺失，左侧肋骨有部分缺失（①）。

　　龙岗寺M102（图三八），照片显示为仰身直肢，人骨保存状况较差但完整性较高。两手骨缺失，双足骨骼由于随葬品的遮挡不好判断。

　　龙岗寺M291（图三九），照片显示仰身直肢，人骨保存状况较好，人骨完整性较高。从照片上看，左小臂有残损和部分缺失（①），左手骨骼缺失。

　　龙岗寺M295（图四〇），照片显示为仰身直肢，人骨保存状况较好，人骨完整性较高。从照片上看，右尺骨及右手骨和左脚骨骼缺失（①）。

　　龙岗寺M396（图四一），照片显示为双人合葬，2号人骨仰身直肢，人骨保存状况较好，完整性较高。依照片来看，左股骨上端有残缺，手骨及双足骨骼缺失（①）。

　　北首岭78M7（图四二），照片显示人骨仰身直肢，人骨保存状况较好，完

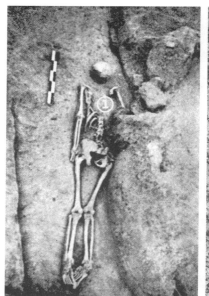

图三六　半坡 M121

图三七　龙岗寺 M17

图三八　龙岗寺 M102

图三九　龙岗寺 M291

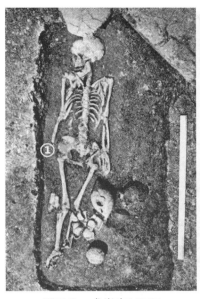

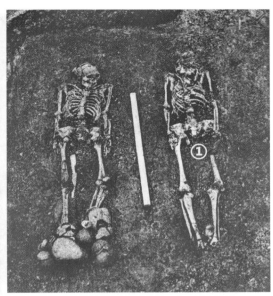

图四〇　龙岗寺 M295　　　　　图四一　龙岗寺 M396

整性较高。左小臂桡骨（①）、双手骨、右足骨缺失。其眉心所插骨骼是否为左小臂桡骨报告中未提及（②）。

北首岭 77M4（图四三），照片显示人骨仰身直肢，人骨保存状况较差。双手骨、左肋骨、髋骨有缺失（①）。小腿及足部骨骼因随葬品遮挡在照片上不能直观显示，情况不明。

北首岭 77M17（图四四），照片显示人骨为仰身直肢，人骨保存状况较好，完整性较差。头骨、上肢骨、肋骨以及部分椎骨缺失（①）。小腿骨骼由于照片阴影并未显示完全，具体情况不得而知。

何家湾 M155（图四五），照片显示人骨为仰身直肢，人骨保存状况较好，完整性较高。部分肋骨及双足部骨骼缺失稍显凌乱（①），左侧小臂及指骨压于扁平石块下，具体情况不明。

何家湾 M161（图四六），照片显示人骨为仰身直肢，人骨保存状况较差，缺失严重。颅骨破损，椎骨及肋骨几乎全部缺失，髋骨部分缺失，右小臂骨部分缺失（①），双手掌骨缺失。

何家湾 M66（图四七），照片显示人骨为仰身直肢，人骨保存情况较好，完

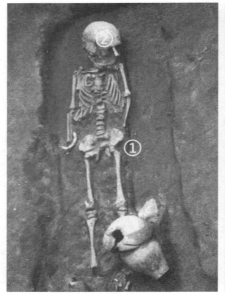

图四二　北首岭78M7

图四三　北首岭77M4

图四四　北首岭77M17

图四五　何家湾M155

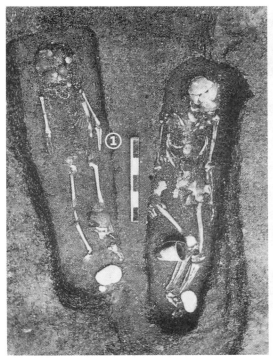

图四六　何家湾M161

图四七　何家湾M66

整性较高。部分颈椎、部分左手骨、左髋骨及右手骨缺失（①）。

　　何家湾M146（图四八），照片显示人骨仰身，右腿屈肢。人骨保存状况较差，完整性较差。椎骨、骶骨、肋骨、肩胛骨、右锁骨、左右上肢骨及部分足部骨骼缺失（①）。部分指骨位于人体腹部，髋骨破损（②）。

　　何家湾M120（图四九），照片显示人骨仰身直肢，人骨保存状况较好，完整性较高。颈椎及部分胸椎、骶骨以及双足骨骼大部分缺失（①）。颅骨及肋骨破损严重。

　　何家湾M156（图五〇），照片显示人骨仰身直肢，人骨保存状况较好，完整性较差，右臂、右手、右股骨缺失。左右髋骨、骶骨及右小腿骨骼还有残损骨骼存在（①）。椎骨及肋骨亦有部分骨骼缺失。零星骨骼置于左手臂位置，右小腿残存骨骼斜向放置与正常人骨状态不符，为位移所致。

　　姜寨M23（图五一），照片显示人骨仰身直肢，人骨保存状况较好，完整性

图四八　何家湾M146

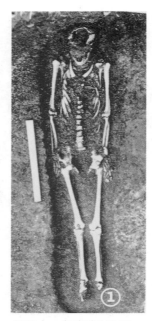

图四九　何家湾M120

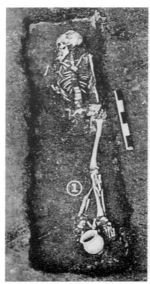

图五〇　何家湾M156

图五一　姜寨M23

较高。右手骨骼缺失。左右股骨下端附近有一疑似骨骼（①），但没有文字描述，仅从照片无法判断其具体属性。右腓骨照片中并无显示，或许由于未完全揭露所致。双足骨骼因随葬品遮挡具体情况不明。

姜寨M27（图五二），照片显示人骨仰身直肢，人骨保存状况较好，完整性较差。左腓骨、右胫腓骨及双足骨骼缺失。左臂骨骼缺失，但附近有散乱骨骼不能确定是否为左臂骨骼。人骨腰部、右臂大部分及左右股骨骨骼被随葬品大量遮挡，具体情况不明。

姜寨M92（图五三），照片显示人骨仰身直肢，人骨保存状况较好，完整性较高。部分椎骨及右足部分骨骼缺失。左肱骨残断（①）。双手骨骼、髋骨、骶骨及右小腿骨骼因随葬品遮挡而情况不明，无法判断。左腓骨未在照片中显示，或许为考古发掘清理未完全揭露所致。

图五二　姜寨M27

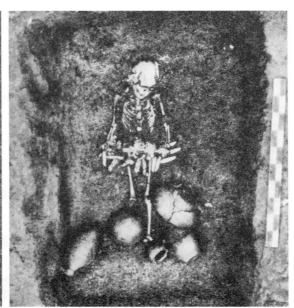

图五三　姜寨M92

姜寨M159（图五四），照片显示人骨为仰身直肢，人体骨骼保存状况较好，完整性较高。部分椎骨及部分肋骨缺失。左髋骨附近有零星骨骼，具体骨骼位置不明。左右小腿及双足骨骼因随葬品遮挡未能完全显露，具体情况不明,无法判断。

此类墓葬还有何家湾M17、M8、M152、M129、M116、M112、M7以及M23等,姜寨M54、M96、M165等。

三 骨骼位移而摆放整齐

骨骼位移而摆放整齐是指墓穴内人骨虽然发生位移,但都摆放整齐且有一定的规律性。

半坡M21(图五五),据照片显示,人骨原有骨骼结构与位置结构并不存在,骨骼摆放整齐,头骨居中,四肢和躯干骨紧凑地摆放在头骨周围。

半坡M22(图五六),据照片显示,

图五四　姜寨M159

人骨原有骨骼结构与位置结构并不存在,骨骼摆放整齐,头骨居中,四肢和躯干骨紧凑地摆放在头骨周围。

龙岗寺M158(图五七),据照片显示,人骨失去原有的骨骼结构和位置结

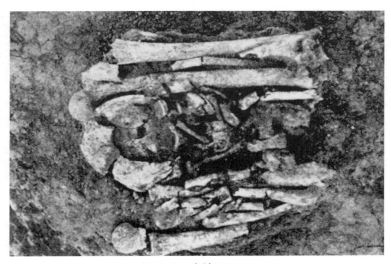

图五五　半坡M21

图五六 半坡 M22

图五七 龙岗寺 M158

构,骨骼摆放十分整齐,从上到下按头骨、上下肢骨和骨盆依次摆放,其余骨骼摆放在上下肢骨的中间位置。

龙岗寺 M170(图五八),据照片显示,人骨失去原有的骨骼结构和位置结构,骨骼摆放十分整齐,从上到下按头骨、上下肢骨和骨盆依次摆放,其余骨骼摆放在上下肢骨的中间位置。

何家湾 M142(图五九),据照片显示,人骨骨骼并不符合原有骨骼结构特

图五八 龙岗寺 M170

图五九 何家湾 M142

45

征及位置结构特征。人骨摆放较为整齐。

四 骨骼位移且放置散乱

骨骼位移且放置散乱是指墓穴内人骨发生位移，但摆放状态凌乱无规律。

半坡M70（图六○），据照片看，人骨失去原有骨骼结构和位置结构，摆放较凌乱，无规律。

半坡M117（图六一），依照片显示，除左右小腿骨外其余骨骼均不具有原有人体骨骼结构和位置结构，摆放较凌乱，无规律。

图六○　半坡M70

五 骨骼零星或缺失严重

骨骼零星或缺失严重是指经过考古发掘清理后墓穴内骨骼数量极少。

龙岗寺M386（图六二），无照片，只有线图，从线图上看，人骨仅剩一些头骨碎片。

元君庙M410（图六三），内葬五人，无照片，只有线图，依线图所示，骨骼仅余部分股骨、髋骨等。

北首岭77M6（图六四），内葬三人，丙坑内人骨仅剩零星骨骼，有部分椎骨和少量肋骨。

图六一　半坡M117

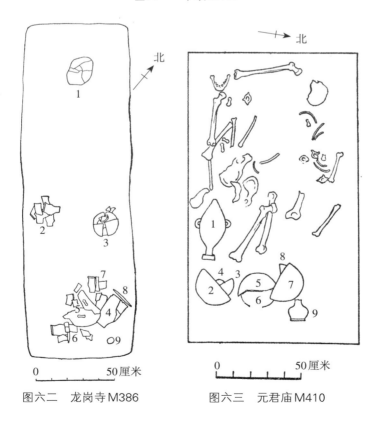

图六二　龙岗寺M386　　　图六三　元君庙M410

何家湾M23（图六五），依照片显示，除却随葬品遮挡部分情况不明外，人骨仅存部分下肢骨。

图六四　北首岭77M6　　　　　　　　图六五　何家湾M23

此类墓葬还有龙岗寺M437，元君庙M407、M408、M409、M424、M430、M447、M456、M464、M468以及M469等。

前文以墓葬人骨埋藏特征为分类标准对半坡类型墓葬进行了分类，研究对象主要为图版照片以及部分线图，并非半坡类型全部墓葬。此分类结果并不能直接说明各类人骨埋藏特征所占比例的分布情况，但可以间接得知局部骨骼位移或者缺失的墓葬数量较多，所占比例较高，并且除少数人骨基本完整有序外，几乎大部分墓葬存在人骨位移或缺失等位置结构异常现象。

上文中提到，前人在考古报告中已经注意到半坡类型墓葬中人体骨骼异常的情况，但并没有引起足够重视。通过上述人骨埋藏特征分类结果可知，在半坡类型墓葬中人骨异常并非个别现象，而是较为普遍的存在，似与当时的墓葬埋葬习俗有所关联，下文就重点针对半坡类型墓葬人骨位置结构异常进行分析，以期探讨当时社会墓葬的埋葬习俗以及墓穴的使用过程。

第四章　人骨位置结构异常的
形成过程研究

从半坡类型墓葬人骨埋藏特征进行的分类结果可知，人骨基本完整而有序的墓葬数量甚少，人骨发生位移和缺失的墓葬较多。相对于完整有序，整体符合人体骨骼生理结构的墓葬而言，人骨的缺失和位移均应为明显的人骨位置结构异常现象。此前学者对此现象亦有所关注，但对其形成原因和过程解释较少，仅简单以"割体葬仪"等予以解释。参照人骨埋藏特征分类结果可知，以"割体葬仪"解释未免有"以偏概全"之嫌。因此，分析人骨位置结构异常现象的具体特征、形成原因及过程，应是解释其存在原因的关键所在。

第一节　人骨异常现象的类别特征

墓葬内正常的人体骨骼结构，首先应是人体骨骼数量完整，其次是人体骨骼形态结构符合人体生理形态特征，最后是人体骨骼各部位之间的连接及相互位置关系应符合正常人体生理连接方式。与之相反，则可称之为人体骨骼异常。人体骨骼异常在具体表现形式上具有不同的类别特征，主要分为生理结构异常和位置结构异常两种。

一　人骨生理结构异常及特征

人骨生理结构异常是指人体骨骼在生理结构上有异常。生理结构的异常主要是指形态结构的异常，如骨骼畸形、骨折、骨质创伤和骨质病害等。人骨生理结构异常多形成于死者生前，与墓葬的埋藏过程无关，所呈现的主要特征亦并非人骨的埋藏特征。半坡类型墓葬中存在人骨生理结构异常，如元君庙报告中有提到存在楔形骨和骨刺以及M402桡骨与M417中13号人骨颅骨的陈旧性骨折[1]。但因与墓葬埋藏过程相关性不高,在此不予赘述。

二 人骨位置结构异常及特征

人骨位置结构异常是指与正常的人体骨骼结构相比,人骨位置结构发生了变化。位置结构异常在人骨上主要表现为位移和缺失两种。墓葬内人骨位置结构异常需要一定的形成条件。

人体是由体液、骨骼、体脂和肌肉等组织联结一体的复杂个体,死后尸体在未腐化之前亦如此,因此骨骼位移或缺失的位置结构异常需要有一定的条件支撑。其一,后人对人体骨骼进行干扰的前提条件就是人骨已白骨化或接近白骨化。据法医人类学证据,在土埋(直接掩埋)环境下,浅埋0.3~0.6米,白骨化时间为3~6个月;若深埋0.9~1.2米,则白骨化时间约为3年[2]。需要指出的是,埋葬现象有别于凶案匿尸,如果埋葬环境中保留一定的空间,则白骨化过程可能就达不到前述时间周期。但无论时间周期具体如何,如果墓葬人骨的位置结构异常特征,是在白骨化过程完成之后形成的,都可说明人骨的位置结构异常应发生于墓主死后这一阶段。其二,半坡类型墓葬中人骨位移多为水平式位移,这也就从侧面说明人骨在位移的时候墓葬内应有一定的空间,如若没有空间,基于墓葬填土的阻隔人骨水平位移是基本无法实现的。也可说明,人骨位置结构异常发生于墓主死后,并且墓室并未立即填埋。

如前文所述,半坡类型墓葬人骨异常主要分为生理结构异常和位置结构异常两大类。结合各自的形成条件可知,人骨的生理结构异常多发生于墓主生前,位置结构异常多发生于墓主死后。墓葬是对死者尸体的一种特殊处理方式,包含了极为严谨、复杂、庄重和有规划的丧葬仪式及埋葬方式。因此,墓葬人骨的位置结构异常的形成应与墓葬丧葬仪式和埋葬方式有所关联。分析人骨位置结构异常的形成过程可更直接了解墓葬的使用情况和埋葬方式。

---

[1] 中国社会科学院考古研究所、北京大学历史系考古教研室:《元君庙仰韶墓地》,文物出版社,1983年,第130页。

[2] 张继宗:《法医人类学(第2版)》,人民卫生出版社,2009年。

第二节　人骨位置结构异常的形成过程

墓葬作为一种特殊的埋藏类型,保存至今,其埋藏过程复杂多变。人骨作为墓葬中的埋藏主体,其位置结构异常的形成过程与墓葬埋藏过程息息相关。在此,应首先了解墓葬的埋藏过程。

一　墓葬的埋藏过程

考古埋藏学认为,生物的埋藏经历了从活体、掩埋、石化、发现到观察的埋藏过程和顺序[1]（图六六）。这里主要指的是生物化石的埋藏过程,而考古发现的大部分实物遗存没有石化这一阶段。实物遗存的一般埋藏过程主要分为原生埋藏和次生埋藏两个阶段,此埋藏过程并不完全是人类有意识和目的的行为,都是人类的普通生产生活行为所导致的自然埋藏过程,如常见的灰坑等遗存。而墓葬是人类有意识有目的的埋藏行为,是人为的且更为复杂的埋藏过程,并不能直接以实物遗存的一般埋藏过程解释。

墓葬埋藏过程分为原始埋藏和后期埋藏两个阶段。原始埋藏是指当时人们对死者尸体或尸骨的处理以及埋葬的过程。后期埋藏阶段则是指后期非埋葬行为所导致的次生埋藏过程[2]。原始埋藏主要涉及了墓葬的埋葬习俗,是墓葬人骨埋藏特征形成的主要阶段。后期埋藏阶段主要包括后来人类活动、自然环境、考古发掘等对墓葬的影响。

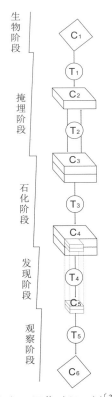

图六六　埋藏过程示例[3]

---

〔1〕　尤玉柱:《史前考古埋藏学概论》,文物出版社,1989年,第15页。

〔2〕　钱耀鹏、王叶:《半坡遗址仰韶早期的埋葬方式研究》,《西部考古（第八辑）》,科学出版社,2014年。

〔3〕　尤玉柱:《史前考古埋藏学概论》,文物出版社,1989年,第15页。

二 人骨位置结构异常的形成过程

原始埋藏阶段是墓葬人骨埋藏特征形成的主要阶段,人骨位置结构异常亦主要在这一阶段形成。人骨位置结构异常的形成可分为入葬前和入葬后两个阶段。其中,墓葬人骨的埋藏特征是指与埋藏行为有关的骨骼特征,自然不包括生前人体骨骼特征,如性别、年龄等人骨生理结构异常。但有部分人体骨骼特征虽形成于生前阶段,但对后来埋藏阶段的人骨骨骼特征产生了一定的影响。人体骨骼的骨化时间问题[1],胸骨由于剑突部位骨化较晚,进入老年阶段胸骨柄和胸骨体才结为一体,人体胸骨在实际埋藏环境中骨化较晚的剑突会先于其余骨骼腐化。因此,胸骨不全部分缺失的现象,也是人骨自然腐化的一种正常情况。在16岁之前,构成髋骨的髂骨、坐骨和耻骨之间是以软骨相连的;16岁前后完成骨化过程,髂骨、坐骨和耻骨才融为一体。因此,部分人骨个体便会出现髋骨破损的状况。这些部位骨骼特征虽形成于生前,却与埋藏过程相关。还有某些人骨个体的局部骨骼完全缺失,如手掌连通小臂骨骼一同缺失等现象。这些人体骨骼特征,在具体分析过程中,并不能明确得知其形成阶段,要慎重对待。

入葬前人骨埋藏特征的形成阶段主要是当时人们出于某种丧葬观念及仪式的需要而对死者进行的诸如姿势摆放、"割体葬仪"等行为。

入葬前人骨埋藏特征主要是指,死后对尸体进行的丧葬仪式行为深入到骨骼,在骨骼结构方面保留的相关结构特征。因此,以考古学实物资料而言,这类人骨入葬前的骨骼结构特征难以判断和区分。根据人骨连接状态以及骨骼结构异常,方可辨明少许。半坡M66(图三一)右股骨头端破损,小腿骨与股骨折叠摆放,足部骨骼与小腿骨骼连接完整,足部形态结构完整(①)。这一骨骼结构特征表明,M66内死者在葬入前,腿骨就被砍断连带足部折叠摆放。尺桡骨和胫腓骨之间微小的移动应与人骨埋葬姿势有关(图六七、六八)[2]。

入葬后人骨埋藏特征主要是指,因人类的埋藏行为而对死者尸骨造成的影响,主要指人骨的位置结构异常,主要表现为人骨的位移或者缺失。反过来讲,人骨的位置结构异常主要与人类的埋藏行为及方式有关,并受葬俗的

〔1〕 朱泓:《体质人类学》,高等教育出版社,2004年,第102页。
〔2〕 顾德明:《运动解剖学图谱》,人民体育出版社,2013年,第18页。

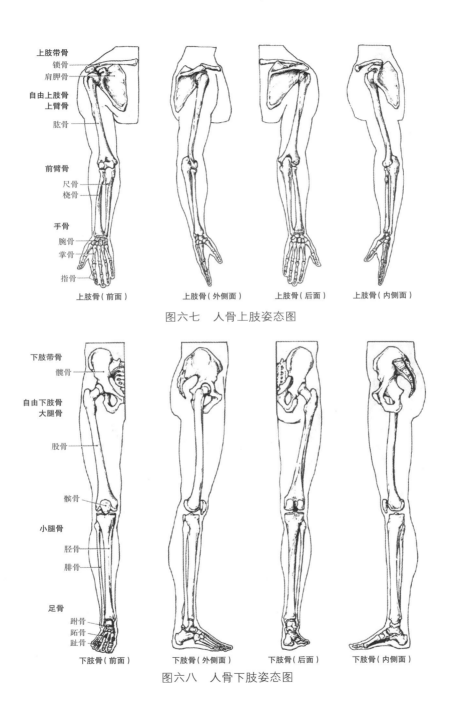

上肢带骨
　锁骨
　肩胛骨
自由上肢骨
上臂骨
　肱骨

前臂骨
　尺骨
　桡骨

手骨
　腕骨
　掌骨
　指骨

上肢骨（前面）　　上肢骨（外侧面）　　上肢骨（后面）　　上肢骨（内侧面）

图六七　人骨上肢姿态图

下肢带骨
　髋骨
自由下肢骨
大腿骨

　股骨

　髌骨

小腿骨

　胫骨
　腓骨

足骨
　跗骨
　跖骨
　趾骨

下肢骨（前面）　　下肢骨（外侧面）　　下肢骨（后面）　　下肢骨（内侧面）

图六八　人骨下肢姿态图

直接影响。

第三节　导致人骨位置结构异常的因素分析

人骨在埋藏过程中受到多重因素的影响,并在不同时期形成不同的人骨埋藏特征。韩建业先生认为,人骨在埋藏过程中主要受到四种因素的影响:死亡状态或死因(体型、骨质损伤等),埋葬前的时间长短及对尸体的处理,埋藏环境带来的短期影响,长期影响(木棺分解后土壤对尸骨化学性质的影响)[1]。

自然因素主要包括:人体自然腐烂过程、雨水冲刷、墓室坍塌、啮齿类动物的啃咬撕拉等。其中,人体自然腐烂过程,与墓葬结构和埋葬葬具等有很大关系。人体自然腐烂在人骨上所形成的人骨埋藏特征主要包括:胸腔部位因脏器腐烂形成较大空间,导致胸部骨骼下陷及坍落。尸体腐烂所形成的部分人骨缺失,人骨腐朽和埋藏环境及腐朽部位有关。如人骨在酸性土壤中就比较容易腐朽,肋骨、胸骨等细薄骨骼相对于肢骨等粗壮骨骼更容易腐朽。雨水冲刷可能会导致墓室积水,造成指骨、趾骨等细小骨骼漂浮移动。积水会导致墓室坍塌,从而对人骨造成损伤和部分骨骼发生位移。啮齿类动物的活动也会造成细小骨骼的位移。

人为因素是人骨位置结构异常形成的主要因素。按照实施对象的不同,人为因素又可以分为后期人为活动和考古发掘清理两个方面。后期人为活动包括后人对死者尸骨进行的与丧葬制度有关的行为,后来在此生活的人从事的生产生活活动也会扰动墓穴内的尸骨。当然,并不是所有墓葬打破现象均是如此,因某种特定原因,再次挖开墓室所造成的打破现象不能与此一概而论。考古人员在发掘清理过程中,如果不注意人骨的出土状况,也会造成人体骨骼的位移或缺失现象,多集中于指骨、趾骨等小型骨骼和骨骼之间连接性不强又极易滑落错位的髌骨等。这点笔者在墓葬的发掘清理过程中深有体会。

自然因素中雨水、积水等对人体细小骨骼的冲刷、漂浮等作用,具体在人

---

[1]　韩建业:《墓葬的考古学研究——理论与方法论探讨》,《东南文化》1992年第Z1期,第32 ～ 39页。

骨埋藏特征上表现为人骨指骨、趾骨等细小骨骼发生了位移,并且此类人骨位移多为上下位移,且墓室内有泥沙或淤泥堆积。鼠类等啮齿类动物对人骨的影响也集中于指骨、趾骨等细小骨骼,并且在墓葬堆积中有一定的活动痕迹,如鼠洞等。墓室坍塌对人骨的影响,表现为人骨有破损现象,并且墓室填土堆积有坍塌痕迹存在。由于现有墓葬资料并没有墓室填土堆积的相关情况描述,这种情况并不好判断。人骨自然腐朽,因土壤酸度、埋藏深度等埋藏环境以及人骨个体之间骨质、年龄和骨骼部位等骨骼状态的影响,不同墓葬人骨以及人骨不同部位骨骼的腐朽情况并不相同。一般来讲,胸腔是人体最易腐烂的部位,构成胸腔的骨骼便会因肉体腐烂而出现骨骼陷落现象。骨骼腐朽情况在清理墓葬时就能确认,骨骼酥化,仅保留骨质薄片或者只有骨骼痕迹存在。何家湾M129和M116的人骨保存状况较差,肋骨、尺骨及髂骨翼酥化腐朽现象严重。

　　人为原因中人骨生前骨骼缺失多为部分整段骨骼或者部分完整结构骨骼的缺失,缺失的位置多为指骨、趾骨和肢骨部位,并且在骨骼上会留下痕迹。

　　后期遗迹打破造成的人骨缺失或位移,多可以从遗迹打破关系上直接判断,并且缺失的部位无任何规律性,且呈现片状缺失状态和上下凌乱位移。如姜寨M158(图六九)墓穴内两具人骨的头骨和部分胸骨被近代沟破坏而缺失(①)。元君庙M441(图七〇)内人骨因近代墓打破而导致大片人骨缺失(①)。

　　后期考古发掘也会造成人骨的位移或者缺失,多集中于小型骨骼、骨骼之间连接性不强又极易滑落错位的骨骼,如髌骨和胸骨等部位。考古发掘是严格遵守《田野考古操作规程》进行的科学发掘清理过程,在清理过程中仍会扰动人骨,虽然这种情况发生概率较低,但仍不可避免。如半坡M152有两张不同发掘阶段的照片,其人骨胸椎部分就存在很大差异,在人骨左腿之上的随葬品清理之前(图七一),人骨胸椎部分之上有一处不明部位骨骼(①),在清理完上层随葬品之后,该骨骼消失不见(①)(图七二)。但是,通常在具体的人骨埋藏特征上,并不能十分清楚地判明部分骨骼的位移和缺失是否为后期清理过程所致。

　　骨骼基本完整而有序主要是受自然因素的影响,整体位移而摆放有序、整体位移且放置凌乱的墓葬,主要是人为因素造成的。局部骨骼缺失或位移

图六九　姜寨M158　　　　　　　图七〇　元君庙M441

图七一　　半坡M152人骨左腿上随葬品　图七二　　半坡M152人骨左腿上随葬
　　　　　清理之前　　　　　　　　　　　　　　品清理之后

56

的墓葬,骨骼水平式位移或有缺失、骨骼上下位移或有缺失、局部骨骼缺失而无位移的墓葬中,鼠类等啮齿类动物对人骨埋藏特征的影响几乎可以忽略不计。

　　发生骨骼位置结构异常的部位,除却人骨自然腐朽以及后期遗迹打破等情况,其余基本都不可能为入葬前或者发掘过程中所导致的。位置结构异常的骨骼多集中在脊椎骨、腓骨、尺骨、髋骨等部位。尺骨桡骨和胫骨腓骨在生前基本无法做到将其中之一剔除,并且骨骼亦未发现明显切割痕迹。这些部位骨骼体量较大,不可能是啮齿类动物啃咬撕扯所致。至于正常的考古发掘亦基本不会造成这些部位骨骼的位置结构异常。因而,这些位置结构异常的人骨应为死者葬入后,后人对死者进行的一系列与葬俗葬仪相关的行为所致。骨骼形态结构中,尺桡骨相互组合构成小臂骨骼,在筋肉覆盖的情况下是无法完成桡骨单独位移的。如半坡M85(图九)左桡骨缺失(②),龙岗寺M210(图一一)中3号人骨右桡骨位移至腹部(①)。因此,基本可以肯定,这些局部骨骼位移或缺失现象,大都发生在原始埋藏阶段,与使用过程及葬俗直接相关。

第四节　人骨位置结构异常与墓穴使用过程

　　人骨埋藏特征只是对人骨单一个体特征的描述,仅仅是单一人骨埋藏特征的形成过程。而半坡类型墓葬除了单人葬外还存在多人合葬现象,并不能简单地将人骨埋藏特征的形成过程认为是墓葬埋藏过程。此外,多种人骨埋藏特征可以并存于同一单一人骨个体上,形成原因亦是多样的,形成过程甚为复杂。人骨埋藏特征的形成过程并不等于墓葬的埋藏过程。墓葬埋藏过程主要集中在死后这一阶段,并不包括人骨生前形成阶段。

　　墓葬人骨位置结构异常的形成过程并不等于墓葬的埋藏过程,墓葬的埋藏过程与墓穴使用过程关系密切,其中原始埋藏阶段实际就是墓穴的使用过程。而人骨位置结构异常大都发生于原始埋藏阶段,与墓穴使用过程和葬俗直接相关。

　　人骨位置结构异常的形成过程并不能直接等于墓葬的使用过程,在具体分析过程中,只有排除自然原因以及与埋葬行为无关的人为行为对人骨造成的影响后,仅存的人类埋葬行为所造成的人骨位置结构异常的形成过程,才可一定程度上反映墓葬的使用过程,与埋葬习俗直接相关。

在墓葬研究方面,使用过程是揭示墓葬丧葬习俗的关键所在。而使用过程所涉及的时间精度,不仅超出了考古地层学和考古类型学的有效适用范围,甚至超出了科学技术测年结果的误差范围。对于墓穴使用过程的研究,可以很好地揭示墓葬埋葬的具体使用情况,在研究墓葬内人骨之间关系和埋葬顺序、社会家庭组织结构方面更是提供了一个新的研究方向,因此对于墓穴使用过程的研究很有必要。

第五章　人骨位置结构异常与
　　　墓穴多次使用

上文提到,半坡类型墓葬内人骨位置结构异常与墓穴使用过程直接相关,并且就其形成条件所需的时间和空间而言,人骨位置结构异常并非一次直接形成。既然如此,关于半坡类型墓葬墓穴内死者均为一次性同时埋葬的观点似乎有所动摇。下文分别从单人葬和合葬墓两方面来对半坡类型墓葬具体使用过程加以分析。因本书是以人骨埋藏特征为依据研究墓葬的使用过程,在此墓葬的使用过程主要是指人为活动对墓穴内人骨位置结构所产生的异常影响的形成过程,并不包括后来人们地上祭祀等行为对墓葬的继续使用过程。所以,在本书所讲的墓葬使用过程主要是指墓穴的使用过程。

第一节　单人墓墓穴的多次使用

人骨埋藏特征主要是指描述人骨个体的骨骼位置结构特征,因此对于单人葬墓穴使用过程,我们依然先按照第三章的分类结果依次进行分析。

骨骼基本完整而有序的墓葬,墓葬埋藏形成过程较为清楚明确,即墓葬在人骨葬入后就填埋了墓室,人骨并未受到后期人类活动的影响。

局部骨骼位移或缺失的墓葬,骨骼的缺失或者位移均发生在人骨白骨化之后,这就证明这类墓葬并不是在人骨死后就完成了墓穴使用过程,而是在人骨白骨化之后还有与埋葬习俗相关的人类行为存在。

水平式位移或有缺失的墓葬人骨,其墓室内应有空间存在,亦即尸骨葬入后并没有立即填埋墓室,而是在对人骨造成位移现象这一埋藏特征之后填埋墓室。形成局部骨骼位移或缺失的这种人骨埋藏特征,需要具备的前提条件就是尸体的白骨化。白骨化过程一般来讲约为3年,那3年之内并未填埋墓穴,但将尸骨曝露于外并直接风吹雨淋显然不合情理,因而在墓室之上应该存在有棚架设施。

半坡类型墓葬并没有直接证据表明墓室之上存在棚架设施,但其后的庙底沟时期河南灵宝西坡墓地发现有木板棚架设施的直接证据。西坡M27[1],竖穴土坑墓,据墓口130厘米处有南、北、东三侧二层台,墓室和脚坑均以木板封盖,木板以二层台为依托。半坡类型墓葬中的半坡遗址M152以及元君庙M458和M453等墓葬均发现有二层台存在。二层台墓葬发现数量较少与半坡类型墓葬上部堆积未保留,墓穴深度普遍不高有关。发现的这几座二层台墓葬可作为棚架设施的间接证据。至于没有二层台存在且墓室内人骨水平式位移或有缺失这类墓葬或以薄土掩盖和立柱架棚等方式对墓主尸体进行了遮掩。当然这些分析仅是从人骨埋藏特征出发的,还无法证明。只有结合墓穴填埋堆积信息才有可能对此进行较为科学的论证。在此,只是探讨二层台墓葬作为墓葬棚架设施的一种可能性。

在历史典籍中,也有关于墓穴一度不予填埋或部分填埋的相关记载。"民有赵宣,葬亲而不闭埏隧,因居其中,行服二十余年,乡邑称孝,州郡数礼请之"。[2]"今之愚民,既合不掩,谓乎不忍;既掩不虞,谓乎庐墓也"。[3]虽然文献记载为后来墓葬对墓穴的填埋方式,但是距离时间并不久远,在史前时期出现墓穴未填埋或部分填埋这种墓葬埋葬形式也是有可能的。

人骨骨骼上下位移或有缺失的墓葬,发生人骨上下位移时墓室已经进行了填埋或者部分填埋,即在死者葬入墓室后进行了填埋或部分填埋,在人骨白骨化后再次挖开墓室并对人骨进行上下位移,然后填埋墓室。由于再次挖开墓室不是精细的考古发掘,会对墓室造成与后期遗迹打破相似的现象存在,对此不能一概而论。再次挖开墓室时以当时的条件来讲不可能做到像考古清理那样细致的将人骨周围填土清理干净,位移骨骼与未位移骨骼之间就存在填土堆积,这样就成了人骨的上下位移。

虽然在半坡类型墓葬发掘过程中因发掘方法导致未存留墓葬再次挖开的证据,但在其他文化类型墓葬中墓室再次挖开再填埋的证据是存在的,如磨沟齐家文化墓地M260[4](图版六,图七三),墓道由早晚两条墓道组成,墓

---

〔1〕 中国社会科学院:《灵宝西坡墓地》,文物出版社,2010年,第83页。

〔2〕 范晔:《后汉书》,中华书局,1965年,第2159页。

〔3〕 董浩等:《金唐文》,中华书局,1983年,第8370页。

〔4〕 钱耀鹏、毛瑞林:《考古埋藏学的田野实践与思考》,《南方文物》2016年第2期,第57～71页。

道底部近偏室,有分别与早晚墓道相吻合的两道封门痕迹。墓道因再次挖开而形成了早晚两条墓道之间的打破关系。虽然磨沟齐家文化墓地的年代、文化类型与半坡类型墓葬有些许差别,但亦能从侧面证明墓室再次挖开填埋这种现象的存在,说明了墓室内人骨上下纵向位移实施的条件与可能性。

图七三 磨沟M260再次挖开墓道与原始墓道

　　局部骨骼缺失而无位移,因只是骨骼的缺失,并且缺失骨骼的具体去向不明,具体使用过程不明,但可以肯定的一点就是并不是死者葬入后就填埋了整个墓室。总之,局部骨骼位移或缺失的墓葬,不论其具体是上下位移还是水平位移,这些墓葬的使用过程均不是一次埋葬,而是经历了多次使用过程,这一点是毋庸置疑的。

　　骨骼整体位移而摆放整齐和骨骼整体位移而摆放凌乱,这两类墓葬因其所有骨骼都发生了位移,具体差别只是摆放整齐与凌乱之分。其使用过程是一致的,在不考虑这些骨骼从何处位移至此的情况下,这类墓穴使用过程应为一次填埋墓室而成，其间并未受到后人的扰乱或后期埋藏环境的影响。但如果将这些墓葬人骨所埋葬的原始位置考虑进来的话，这些墓葬的使用过程应为多次埋葬。但这一点，以现在的发掘资料还无法证明。

骨骼零星或缺失严重的墓葬，由于人骨埋葬特征证据不充分，墓穴使用过程暂时还无法理清。

综合上文分析可知，在半坡类型墓葬中骨骼基本完整而有序这类墓葬，仅以人骨埋藏特征为判断标准，其墓穴为一次使用。骨骼整体位移的墓葬虽不能排除墓穴多次使用的可能性，但因证据略薄弱，暂不可简单认为其墓穴为多次使用。骨骼零星或缺失严重，因人骨埋藏特征证据不足，而无法确认其具体使用过程如何。只有局部骨骼位移或缺失的墓葬，从人骨埋藏特征上足以证明，其墓穴经历了多次使用。

第二节　合葬墓墓穴的多次使用

合葬墓是不同人骨埋葬特征的集合体，使用过程甚是复杂。单一的人骨埋葬特征并不能完全概括合葬墓内整体人骨埋葬特征，经常有多种人骨埋葬特征集中于一座合葬墓内。所以不能直接以单人葬人骨埋藏特征简而论之，需重新对合葬墓内人骨埋藏特征进行归类整理。

一　合葬墓人骨埋藏特征的主要类别

合葬墓人骨埋藏特征可分为单一埋藏特征合葬和多种埋藏特征合葬两大类。其中，单一埋藏特征又可以根据人骨摆放具体情况分为骨骼摆放整齐和骨骼摆放凌乱两小类。这里所讲的人骨埋藏特征是与上文分类得出的墓葬人骨埋藏特征是一致的。

（一）单一埋藏特征合葬

单一埋藏特征合葬，主要是指在墓室内所有骨骼都保留有相同的人骨埋藏特征。

所有骨骼位移并缺失严重，人骨摆放毫无规律。

元君庙M410（图六三），墓室内葬有5人，据图片显示，人骨骨骼放置毫无规律，所有骨骼位移并缺失严重。

局部骨骼缺失或位移，其余骨骼具有完整且符合正常人体骨骼形态的结构。

半坡M38（图七四），墓室内葬有四人，均为仰身直肢。因报告中未对人骨进行编号，在此从左至右统一命名为1～4号人骨。1号人骨因随葬陶器遮挡仅揭露出部分上半身骨骼。依照片显示，人骨左肱骨下端紧挨脊椎骨放置，而左小臂骨骼近乎平行置于左肱骨左下方（①），左侧尺骨和桡骨下端分离较大。脊椎骨以及颅骨原地埋藏特征明显。2号人骨其中一侧锁骨位移至下颌骨下方（②），第二肋骨置于左胸部之上，骨盆之上有一疑似桡骨不辨其属（③）。左股骨及胸椎原地埋藏特征明显。其余骨骼因随葬品遮挡或未揭露完全而情况不明。3号人骨颅骨与脊椎骨错位，脊椎骨向左偏移（④）。右小臂及双手骨骼缺失（⑤）。下肢骨因随葬品遮挡而情况不明。骨盆及左臂骨骼原地埋藏特征明显。4号人骨右小臂及双手骨骼缺失（⑥），右侧肋骨有部分缺失。椎骨、骨盆、左右股骨及左臂骨骼等骨骼原地埋藏特征明显。左右小腿及双足骨骼因随葬品遮挡而情况不明。

半坡M39（图七五），墓室内葬有两人，均为仰身直肢。因报告中未对人骨进行编号，在此从左至右统一命名为1、2号人骨。据照片所显示，1号人骨颅骨破裂，面部骨骼向下位移。右锁骨位移至右肱骨头附近（①），腰椎中部向左弯

图七四　半坡M38

图七五　半坡 M39

图七六　元君庙 M413

曲（②）。右臂因 2 号人骨左臂遮挡、双足骨骼因随葬品遮蔽以及右腓骨未揭露而情况均不明。其余骨骼原地埋藏特征明显。2号人骨右侧锁骨缺失，双足骨骼较凌乱，双手骨骼仅有部分手指骨位于左髋骨下方。

　　元君庙 M413（图七六），墓室内葬有两人，均为仰身直肢。因报告中未对人骨进行编号，由右至左命名为 1 ～ 2 号人骨。据照片显示，1 号人骨保存状况较差，完整度较差。颅骨仅存下颌骨，右小臂骨、大部分脊椎骨以及大部分肋骨缺失。右腓骨在照片上未发现，左小腿及双足骨骼因随葬品遮挡而情况不明。其余骨骼原地埋藏特征明显。2 号人骨保存状况较好，人骨完整度较高。颅骨仅存下颌骨，左小腿以及左脚骨骼缺失，右脚骨骼因随葬品阴影遮挡而情况不明。其余骨骼原地埋藏特征明显。

　　元君庙 M441（图七七），墓室内葬有六人，均为仰身直肢。因报告中未对人骨进行编号，从左至右命名为 1 ～ 6 号人骨。1 号人骨保存状况较好，人骨完整度较高。左侧小臂骨头端在肱骨内侧位置向上位移（①）。髋骨背面朝上（②），右腓骨向左偏移靠近左胫骨（③）。双手骨骼及双足骨骼凌乱有缺失。其余骨骼原地埋藏特征明显。2 号人骨保存状况较好，人骨完整度较高。左肱骨向头部方向与墓壁方向位移，下端与小臂骨骼上端有错位（④）。左锁骨缺失，脊椎骨与肋骨较凌乱。左右髋骨平面摊开放置，未见骶骨（⑤）。左腓骨和左胫骨在上端部位偏移距离较大，且小腿骨骼均向 1 号

图七七　元君庙 M441

人骨足部方向位移(⑥)。双手骨骼未见,双足骨骼与1号人骨足骨混杂成一堆。其余骨骼原地埋藏特征较明显。3号人骨保存状况较好,人骨完整度较高。左右锁骨缺失,椎骨及肋骨摆放较凌乱。右小臂骨骼上端向右位移与有肱骨下端错位(⑦)。左右髋骨背面朝上覆盖于腰椎及骶骨之上(⑧)。右手骨骼未发现,双足骨骼凌乱且有缺失。其余骨骼原地埋藏特征较明显。4号人骨保存状况较好,人骨完整度较高。4号人骨肋骨及椎骨部分较凌乱,未见右锁骨,右腓骨上端与左胫骨上端偏离距离较大,双足骨骼摆放凌乱且有缺失。右臂及手骨、左小腿骨等骨骼因拍照角度问题未能在照片中清晰表现,具体情况不明。5号人骨和6号人骨部分骨骼因近代墓打破而导致人骨大片缺失,从仅存骨骼来看,5号人骨胸椎部分骨骼错位,双足骨骼有缺失且较凌乱,其余骨骼原地埋藏特征明显。6号人骨因缺失部位较多,仅剩左侧腿骨,骨骼结构完整具有原地埋藏特征。

姜寨 M96(图七八),墓室内葬有二人。因报告中未对人骨进行编号,在此由右至左编号为1～2号人骨。据照片所示,1号人骨仰身直肢,人骨保存状况较好,人骨完整性较高。左锁骨缺失(①),左手骨骼缺失,左右小腿以及双足骨骼因墓壁阴影遮蔽而情况不明,其余骨骼原地埋藏特征明显。2号人骨仰身直肢,人骨保存状况较好,完整性较差。右侧手臂以及手骨缺失,左侧桡骨破损且横放于左肱骨下端之上(②),双足骨骼缺失,其余骨骼原地埋藏特征明显。

何家湾 M35(图七九),墓室内葬有二人。依照片显示,1号人骨为仰身

图七八　姜寨M96

直肢,人骨保存状况较好,完整性较高。左尺骨破损,部分胸椎缺失,胸椎与腰椎有错位,腰椎至髋骨部分向右偏移(①),部分足掌骨位移至骶骨处(②),颅骨右侧有一疑似肋骨位移至此(③)。其余骨骼具有原地埋藏特征且符合人体骨骼结构。2号人骨俯身,骨骼保存状况较差,完整性较差,颅骨破碎,仅部分肋骨及部分椎骨具有原地埋藏特征,其余骨骼均有不同程度位移。

墓内骨骼摆放整齐具有一定的规律与规划性。墓内所有人骨都不具有原地埋藏特征,原有骨骼结构均被打乱。

元君庙M443(图八〇),墓室内葬有二人。据照片显示人,骨骼摆放较为整齐,均先摆放头骨,其次胸骨、髋骨,最后摆放肢骨。

元君庙M445(图八一),墓室内葬有七人。据照片显示,西北角被水井打破,导致大部分骨骼未保存。现存人骨均先摆放头骨,其次胸骨、髋骨,最后摆放肢骨。

图七九　何家湾M35

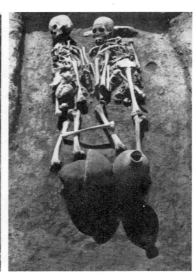

图八〇　元君庙M443

图八一　元君庙M445

元君庙M449（图八二），墓室内葬有三人。以照片所示，人骨摆放较为整齐，均先摆放头骨，头骨之下摆放肢骨，胸骨等骨骼夹杂放置于肢骨之间。

元君庙M417（图八三），墓室内葬有二十三人。所有人骨均按照头骨、胸骨和髋骨、四肢骨的顺序依次摆放。其中8号、9号、10号人骨肢骨上方放置有一些骨骼，这些骨骼与8号、9号、10号人骨骨骼之间有填土堆积相隔，因缺乏墓葬骨骼鉴定资料不能确定其具体归属。

（二）多种埋藏特征合葬

多种埋藏特征合葬，主要是指墓室内的人骨均保留有不同的人骨埋藏特征。

元君庙M405（图八四），墓室内葬有

图八二　元君庙M449

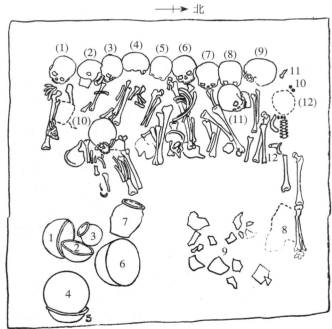

图八三　元君庙M417

图八四　元君庙 M405

十二人。依照片所示，1号人骨至11号人骨骨骼均为先摆放头骨，其次四肢骨，其余骨骼散乱放置于四肢骨之间。12号人骨照片中由于阴影遮挡以及拍照方向死角等原因仅有一小段股骨、一侧小腿骨骼能清晰可见。结合线图可知12号人骨头骨腐朽仅残存痕迹，一小段脊椎骨以及左侧腿骨及左足部分骨骼还保留原地埋藏特征（①）。右侧股骨向上位移，其下端位移至左股骨中部。

元君庙 M411（图八五），墓室内葬有五人。因报告中未对人骨进行编号，在此由右至左统一命名为1～5号人骨。2号和3号人骨先放置头骨，然后将其余骨骼成堆杂乱摆放。4号和5号人骨先放置头骨，其次胸骨、上肢骨、髋骨，最后下肢骨，折叠摆放。2号、3号、4号、5号人骨均摆放整齐有规划，只是具体表现形式有所不同。1号人骨先摆放头骨，其次摆放胸骨，上肢骨折叠摆放于胸骨两旁，最后折叠摆放下肢骨，左右髋骨分别反向放置于下肢骨两旁。其中腰椎及部分胸椎骨骼连接完整，且腰椎部分与尾骨连接亦较完整（①），具有原地埋藏特征。

元君庙 M418（图八六），墓室内葬有五人。据照片所示，1号人骨先摆放头骨，其次摆放胸骨和上肢骨，随后髋骨和下肢骨依次摆放。2号人骨先摆放头骨，其次摆放胸骨和上肢骨，随后髋骨，最后下肢骨折叠放置。3号人骨右小臂缺失（①），下肢骨骼因拍照角度以及随葬陶器遮挡而情况不明，其余骨

图八五　元君庙M411

图八六　元君庙M418

骼基本保留原地埋藏特征。4号人骨先摆放头骨，其次摆放胸骨和髋骨，肢骨放置于胸骨和髋骨骨骼左右两侧。5号人骨在照片中未显示，但报告中提到"⑤之头骨搁在①的腿骨上，部分肢骨放在②的脚下[1]"。

元君庙M425（图八七），墓室内葬有三人。因报告中未对人骨进行编号，在此由左至右命名为1～3号人骨。据照片显示，1号人骨先摆放头骨，其次胸骨，胸骨两侧放置上肢骨，随后摆放髋骨，最后为下肢骨。下肢骨基本按照股骨和小腿胫腓骨顺序摆放，其中一根腓骨位于左右股骨中间位置。双足骨骼因随葬品的遮挡而情况不明。2号人骨先摆放头骨，头骨横向放置，其次胸骨，胸骨两侧放置上肢骨，随后摆放髋骨，左后为下肢骨，下肢骨基本按照股骨和小腿胫腓骨的顺序摆放。3号人骨仰身直肢，人骨保存状况较差，人骨完整度较低。胸骨部分散乱不清，右小臂骨骼缺失，左桡骨位移至左股骨外侧（①），骨盆破碎，左右胫骨有破损，腓骨在照片上未显示，双足骨骼缺失。颅骨、部分脊椎骨、左右肱骨等骨骼原地埋藏特征明显。

元君庙M429（图八八），墓室内葬有两人。因报告中未对人骨进行编号，在此从左至右编号为1～2号人骨。据照片显示，1号人骨先摆放头骨，其次胸骨，上

图八七　元君庙M425

图八八　元君庙M429

_____

[1]　北京大学历史系考古教研室：《元君庙仰韶墓地》，文物出版社，1983年，第90页。

肢骨摆放于胸骨两侧,最后摆放髋骨和下肢骨。下肢骨部分因随葬品阴影遮挡而情况不明。2号人骨,上半身骨骼散乱放置,左尺骨位移至腰椎附近且横向放置(①)。腰椎、骶骨、髋骨以及股骨之间骨骼结构联系紧密(②),骨骼形态完整,原地埋藏特征明显。小腿骨骼及双足骨骼因随葬品及阴影遮挡,从而情况不明。

元君庙M440(图八九),墓室内葬有十一人。因报告中未对人骨进行编号,在此从左至右统一命名为1~11号人骨。据照片显示,1号人骨侧身直肢,人骨保存状况较好,人骨完整度较高。头骨与脊椎骨之间距离较大,脊椎骨紧贴墓壁(①)。左小臂骨骼缺失,髋骨散乱放置,右侧股骨上下端反向放置。左小腿骨骼结构较完整,似有原地埋藏特征。右小腿大部分以及双足骨骼被随葬陶器遮挡而情况不明。2号人骨仰身直肢,人骨保存状况较好,人骨完整度很高。左侧锁骨竖向放置(②),左手骨骼缺失,右足骨骼仅剩跟骨,左足骨骼及右手骨骼均被随葬陶器遮蔽未能显示完全,情况不明。3号人骨仰身直肢,人骨保存状况较好,完整度较高。颅骨和下颌骨分离距离较大,人骨脊椎从胸椎至腰椎部分非正常向左弯曲,连带股骨髋骨和股骨也向左偏移(③)。

图八九　元君庙M440

双足骨骼与4号人骨双足骨骼成堆放置在一起。右侧手臂及右手骨骼因4号人骨上半身骨骼遮挡，左手骨骼因随葬品碎片遮挡而情况不明。4号人骨除头骨和右腿骨骼外，其余骨骼均叠压于5号人骨以及3号人骨右腿骨骼之上，从胸骨到腿骨向墓壁方向倾斜放置。头骨位于3号和5号头骨之间，应为人骨腐烂后滚落至此。5号人骨因大部分被4号人骨遮挡，具体情况不明。但从少部分暴露在外的骨骼来看，5号人骨应该是按照头骨、胸骨和肢骨的顺序依次摆放的。6号人骨先摆放头骨，其次胸骨，上肢骨位于胸骨两侧，随后折叠摆放下肢骨。5号和6号人骨下方有一部分小腿骨骼，从照片中未能明确得知其具体归属。7号人骨先摆放头骨，其次上肢骨和胸骨，最后摆放下肢骨及部分足部骨骼。8号人骨保存状况较差，仅剩头骨和部分肢骨，其余骨骼在照片中未发现。9号人骨缺失较严重，先摆放头骨，其次胸骨和肢骨依次摆放。10号人骨和11号人骨均先摆放头骨，其次摆放胸骨和上肢骨，最后依次摆放髋骨和下肢骨。

　　元君庙M454（图九〇），墓室内葬有九人。依照片和线图所示，3号人骨和5号人骨均先摆放头骨，随后摆放胸骨和肢骨等骨骼。1号人骨仰身直肢，人骨保存状况较好，完整度较差。胸椎以及大部分肋骨缺失，右侧二三四肋骨摆放整齐，左侧第一肋骨等肋骨散乱放置。左小臂骨骼以及右尺骨缺失（①）。左小腿以及左足骨骼因随葬陶器遮挡而情况不明，右小腿腓骨未揭露，在照片中未显示。其余骨骼原地埋藏特征明显。1号人骨左股骨以及左小腿附近放置有其他人骨，不清楚其具体归属。2号人骨、4号人骨、6号人骨、7号人骨、8号人骨以及9号人骨因在照片中所保存骨骼太少，人骨埋藏信息较少，因此埋藏情况不好判断，情况不明。

　　元君庙M456（图九一），墓室内葬有七人。因报告中未对人骨进行编号，在此从左至右统一命名为1～7号人

图九〇　元君庙M454

图九一　元君庙M456

骨。依照片所示，1号人骨仰身直肢，人骨保存状况较好，人骨完整度很高。1号人骨右侧胳膊整体叠压于2号人骨之上，足部骨骼因随葬品遮挡而情况不明，其余骨骼人骨原地埋藏特征明显。2号人骨按照头骨、胸骨、髋骨以及下肢骨的顺序依次摆放。3号人骨按照头骨、胸骨、髋骨以及下肢骨的顺序依次摆放，但3号人骨右股骨以及左右小腿骨骼还保留有自身位置与结构关系，具有原地埋藏特征。双足骨骼因随葬品遮挡而情况不明。4号人骨摆放方式与2号人骨和3号人骨相同，但4号人骨髋骨之上部位向左弯曲，连带左右股骨亦向左倾斜（③）。左右下肢骨骨骼结构完整，相对位置关系符合人体骨骼结构关系，原地埋藏特征明显。双足因随葬品遮挡而情况不明。5号人骨与2、3、4号人骨摆放方式相同，但5号人骨左侧小腿骨骼以及双足骨骼缺失。6号人骨仰身直肢，人骨保存状况完好，人骨完整度较高。头骨与颈椎骨骼错位，脊椎骨骼整体向左偏移，胸椎部分非正常向左扭曲（①）。上肢骨骼未在照片中显示，左侧腓骨缺失（②）。其余骨骼原地埋藏特征明显。7号人骨仰身直肢，人骨保存状况较好，完整度很高。仅双足骨骼缺失，右侧手臂骨骼因墓壁阴影遮挡而情况不明，其余骨骼原地埋藏特征明显。

元君庙M457（图九二），墓室内葬有三人。因报告中未对人骨进行编号，在此从左至右统一命名为1～3号人骨。据照片所示，1号人骨保存状况较好，人骨完整度不高。人骨按照头骨、胸骨、上肢骨、髋骨、下肢骨的顺序依次摆放。右肱骨位移至头骨附近（①），左侧髋骨和小腿骨的胫骨、腓骨以及一小部分足骨联结关系还存在（②）。2号人骨按照头骨、胸骨、上肢骨、髋骨、下肢骨的顺序依次摆放，下肢骨骨骼为折叠摆放。3号人骨仰身直肢，人骨保存状况较好，人骨完整度较高。胸椎与腰椎之间断裂错位（③），胸椎以及颈椎部分向右偏移并导致右侧肋骨凌乱，左肱骨与左肩胛骨之间距离较大且联结关系不存在（④），左侧小臂上端向右倾斜（⑤）。左小腿骨骼向右偏移与左股骨有错位。右手骨及双足骨骼因随葬品遮挡而情况不明。

龙岗寺M316（图九三），墓室内葬有两具人骨。依照片及线图显示，1号人骨仰身直肢，人骨保存状况较好，完整性较高。颅骨破碎。左侧尺桡骨上端与肱骨之间距离较大（①），与正常人体骨骼结构距离不符，因随葬品和2

图九二　元君庙M457

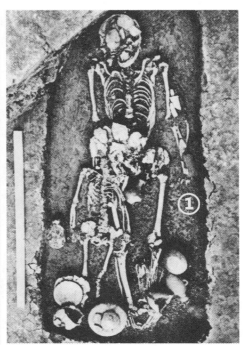

图九三　龙岗寺M316

号人骨的遮挡,在照片上无法清晰观察右髋骨、右股骨、右小臂骨、腰椎以及左小腿骨等的情况。其余骨骼符合人体骨骼结构,具有原地埋藏特征。2号人骨仰身直肢,人骨保存状况较好,完整性较高。颅骨破碎,左右小腿骨以及双足骨骼因随葬品遮挡而情况不明,其余骨骼具有原地埋藏特征,符合人体骨骼的生物性结构。

龙岗寺M396(图九四),墓室内葬有二人。因报告中未对人骨进行编号,在此由右至左编号为1～2号人骨。据照片所示,1号人骨仰身直肢,人骨保存状况较好,人骨完整度较高。除双足骨骼被随葬品遮挡而情况不明外,其余骨骼符合人体骨骼结构,具有原地埋藏特征。2号人骨仰身直肢,保存状况较好,完整度较好。左手骨骼及双足骨骼缺失,左侧股骨上段缺失(①),一块跖骨位移至左右小腿骨骼下端中间位置(②)。其余骨骼原地埋藏特征明显。

龙岗寺M210(图九五),墓室内葬有三人。因报告中未对人骨进行编号,在此由右至左编号为1～3号人骨。照片显示,人骨保存状况较差。1号人骨左小臂桡骨有残损且位移至左臂左侧(①),右小臂尺骨和桡骨分离距离较大,一肋骨位移至左髋骨附近。左腿、双手骨、右足骨缺失。3号人骨右小臂桡骨位移至腹部(②),左侧锁骨位置稍有移动。双手骨骼及双足骨骼在照片中不甚明显,线图中双手骨骼缺失,双足骨骼部分缺失。其余骨骼符合人体骨骼基本

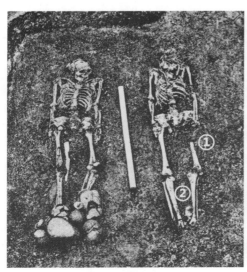
图九四　龙岗寺M396

图九五　龙岗寺M210

结构与位置,具有原地埋藏特征。

　　北首岭77M6（图九六）,墓室内葬有三人,为大坑套小坑合葬。因报告中未对人骨进行编号,在此由左至右编号为甲坑、乙坑、丙坑。据照片所示,甲坑内人骨仰身直肢,人骨保存状况很好,人骨完整度很高,右足骨骼凌乱,右足骨位移至左右小腿之间（①）。双手置于髋骨下方,情况不明。左右腓骨在照片中未显露,其余骨骼原地埋藏特征明显。乙坑人骨仰身直肢,人骨保存状况较好,人骨完整度较高,左侧锁骨竖直摆放（①）,左手骨骼缺失。小腿骨骼因随

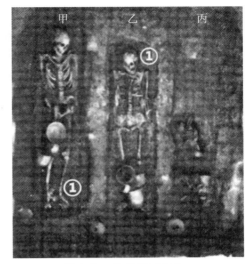

图九六　北首岭77M6

葬品遮挡而情况不明,其余骨骼原地埋藏特征明显。丙坑人骨仅剩零星骨骼。

　　综上,上述合葬墓人骨异常多集中于肢骨中的尺骨桡骨、椎骨、肋骨等,这些部位缺失并非生前形成,也非啮齿类或者流水冲刷所能移动的小型骨骼。合葬墓内人骨埋藏特征应与人类行为直接相关,与合葬墓的墓穴使用情况息息相关。合葬墓内主要有单一和多种人骨埋藏特征合葬两种类型。这也从另一方面表明合葬墓埋藏特征的复杂性,而埋藏特征的复杂性则可一定程度地揭示出合葬墓的墓穴使用情况。

　　二　合葬墓不同个体间空间位置分析

　　合葬墓内人骨数量较多,不能简单以人骨埋藏特征为主分析其使用过程。加之,合葬墓内人骨个体之间空间位置关系也较复杂,从人骨个体之间的相互位置关系,亦能侧面分析合葬墓的使用过程。前人研究虽也曾注意到合葬墓内人骨个体之间的位置关系,但并没做过多关注与研究。元君庙墓地报告虽提到,M426内①号人骨被整齐放置着,仰身直肢式,头向西。推测①当死于其他个体之后[1],但并无线图和照片证据。

────────────

〔1〕　北京大学历史系考古教研室:《元君庙仰韶墓地》,文物出版社,1983年,第93页。

（一）合葬墓不同个体间的相互位置关系

上文论述合葬墓使用过程时都提到一个问题，尽管可以初步确认合葬墓的使用过程为一次埋葬和多次埋葬，但都不能得知合葬墓内所有人骨的具体使用过程如何，是同时葬入还是分次葬入。由于填土堆积证据的缺失，在此仅能以合葬墓内人骨之间的相互位置关系确认其具体埋葬过程。在此依据考古学遗迹单位之间的关系，来分析合葬墓内人骨之间的相互关系，将每具人骨都看作是相互独立的遗迹单位，这样合葬墓内的人骨关系就可分为以下几种：

叠压关系，就是合葬墓中不同人骨个体之间的叠压现象，叠压有部分叠压和完全叠压两种关系。部分叠压是指人骨之间存在部分骨骼的重叠，完全叠压是指人骨完全叠压于被叠压人骨之上。从叠压关系的逻辑顺序而言，叠压者的埋葬时间要晚于被叠压者，但局部骨骼叠压与埋葬顺序也有相反的可能性。

半坡M38（图七四）内葬有4具人骨，其中2号人骨左肘部叠压于1号人骨右胸部之上，3号人骨右肱骨叠压于4号人骨左肱骨下端之上。元君庙M456（图九一），1号人骨右侧胳膊整体叠压于2号人骨之上。元君庙M440（图八九），4号人骨除头骨和右腿骨骼外其余骨骼均叠压于5号人骨以及3号人骨右腿骨骼之上，从胸骨到腿骨向墓壁方向倾斜放置。头骨位于3号和5号头骨之间，应为人骨腐烂后滚落至此。龙岗寺M316（图九三）2号人骨头部以及胸部左半部分整体叠压于1号人骨腰部以及右股骨之上。

并列关系，就是指人骨之间彼此相邻，但并没有任何骨骼上的交集。并列关系是合葬墓中最常见的人骨个体相对位置关系。

元君庙M413（图七六）内1号人骨和2号人骨之间没有任何骨骼上的交集，仅在墓室内左右并列放置。元君庙M441（图七七）内所有人骨均为并列关系，互相没有干扰等关系存在。龙岗寺M67内人骨呈左右并列关系。

合葬墓中不同人骨个体之间的相互关系，在一定程度上可以反映出其间的葬入顺序。通常，这几种人骨之间的相互关系并存于一座合葬墓内，埋葬情况极其复杂。但埋葬顺序的基本确认，对于合葬墓多次埋葬的确认具有很重要的意义，对于研究人骨之间的社会和家庭关系也有很重要的指导意义。

（二）合葬墓不同个体间的埋葬顺序初探

由于合葬墓的情况极为复杂，最终保留的人骨埋藏特征未必能够准确揭示多次合葬过程以及所有个体的埋葬顺序,但依然可以根据某些显著的埋藏特征判断部分人骨个体的葬入顺序。上文将合葬墓内人骨之间的相互关系分为叠压关系和并列关系,结合后期人类行为对人骨埋藏特征的影响,可知人骨埋葬顺序判断的一般规律。

一般来说,保存完好且符合人体结构的人骨个体,可能是该合葬墓的最后葬入者;整体存在叠压关系的个体之间,被叠压者的埋葬时间应早于其上的人骨个体,但局部骨骼叠压与埋葬顺序也有相反的可能性;推挤的人骨葬入时间要早于旁边没有被推挤的人骨葬入时间;相邻人骨个体之间,存在人骨扰动现象的个体,其埋葬时间可能早于未被扰动的个体;若相邻人骨都保留原始埋葬特征,便存在同时埋葬的可能性(需结合可用空间充裕与否进行判断)。综合上述特征,大致可以判断多人多次合葬现象及部分个体的埋葬顺序。

元君庙 M440(图八九)内葬有十一人,从右至左依次为 1～11 号人骨。按照其埋藏特征及其人骨之间的相互关系将其分为 4 组:

第一组,1、2 号人骨。1 号人骨除头骨和小腿骨骼外,如前文所提到其余骨骼均被推挤至紧贴墓壁放置。右侧股骨反向放置,股骨头向下放置,应是受到人为扰动所致。2 号人骨紧邻 1 号人骨,骨骼整齐且较完整,左侧锁骨竖立放置,右足骨有缺失,仅剩跟骨。由此,推挤 1 号人骨主要是为了更好埋葬 2 号人骨,因此 1 号人骨早于 2 号人骨埋葬。

第二组,3、4、5、6 号人骨。3 号人骨,仰身直肢,人骨整齐且完整,椎骨从胸椎中部的位置开始向墓壁方向扭曲,左右股骨和小腿骨之间呈钝角,但是小腿骨还是竖直状态。这样的状态应是被人从腰部向墓壁方向推挤所致。正如与推挤 1 号人骨是为了埋葬 2 号人骨相同,推挤 3 号人骨亦是为了埋葬 5 和 6 号人骨。5、6 号人骨较凌乱且不完整,人骨摆放的下半部分都向左墓壁方向倾斜,尤其 6 号人骨的中间部位更为明显。5、6 号人骨埋葬方式相近,并且颅骨的方向角度也几乎一致,应为共同埋葬于 3 号人骨之后。4 号人骨,仰身直肢,从上身骨骼到脚部骨骼逐渐向左侧墓壁倾斜。人骨上半身整体叠压于 5 号人骨之上,左髋骨以及左腿骨骼叠压于 3 号人骨右腿骨骼之上。头骨位于 3 和 5 号人骨之间,应为后来肉体腐烂滚落所致,在此间接证明至少在 4 号人骨腐烂之时墓葬还未进行完全填埋。4 号人骨葬于 3、5、6 号人骨之后。

第三组,7 号人骨由于其与 6 号人骨和 8 号人骨距离较远并且没有任何相互关系存在,将其单独放为一组,但不能确定其埋葬的具体顺序,只能表示他也是M440这一合葬墓使用过程中的一次使用证明。

第四组,8、9、10、11号人骨。人骨凌乱且有缺失,但从骨骼埋藏特征上来看,骨骼摆放也是有一定规律的,即先摆放头骨,然后依次摆放上身骨骼、骨盆以及下肢骨。四具人骨排列相近且较为整齐,似有意规划并安放,应为一起埋葬。

因此根据上述人骨之间的相互关系就可得知,M440墓葬内1号人骨应先于2号人骨和3号葬入,5号人骨和6号人骨晚于3号人骨葬入,4号人骨又晚于5号人骨和6号人骨。由于2号人骨和3号人骨之间的人骨并没有任何彼此干扰或人为干扰的痕迹所在,2号和3号人骨是几乎同时埋葬。至于7号人骨和8～11号人骨之间以及与其他人骨之间的先后顺序无法具体证明。综上,这座墓葬的使用过程至少经历了六次埋葬。

元君庙M456(图九一),墓内葬有7人,人骨摆放较整齐,骨骼较完整。按照人骨的埋藏特征以及之间的相互关系可以分为三组:第一组,1号和2号人骨。1号人骨部分骨骼压于2号人骨之上,2号人骨早于1号人骨埋葬;第二组2、3、4和5号人骨。2号人骨被3、4、5号人骨挤压于很狭小的空间内。3、4、5号人骨上半身骨骼均较凌乱,骨盆均反向放置,股骨也不是原有的生物结构放置,均为膝盖向下摆放,仅小腿骨骼还在原来的埋藏位置,相互之间并没有互相扰动的关系,应为同时扰动所致;第三组6和7号人骨。6号人骨脊椎部分弯曲度十分不正常,似有意推挤所致,所以6号人骨埋葬早于7号人骨。M456的使用过程至少存在四次埋葬。

半坡M38(图七四)内葬有四人,是四个年龄相仿的女性。依照片显示,1号人骨保存状况较好,完整性较差,大部分骨骼压于随葬陶器之下,仅上身骨骼较为清晰可见。人骨仰身,左侧桡骨位移至胸椎附近,右手臂叠压于2号人骨左手臂之下,具体情况不明。2号人骨仰身直肢,人骨保存情况较好,完整性较高,椎骨缺失,肋骨散乱,第一肋骨有位移,骨盆状况不清楚,骨盆之上有一尺骨似不属于2号人骨,具体归属不明。左臂部分叠压于1号人骨之上。右脚骨骼缺失。3号人骨仰身直肢,保存情况较好,完整性较高。颅骨和椎骨错位严重。肋骨缺失严重,椎骨整体向左偏移。右肱骨下端部分叠压于4号人骨之上,右小臂缺失。下肢骨由于随葬品遮挡而具体情况不明。4号人骨仰身直肢,人骨保存情况较好,完整性较高。颅骨变形,肋骨缺失严重,右小臂骨骼缺失。左右小腿骨骼因随葬品遮挡,具体情况不清楚。使用过程及顺序应为1号人骨最先葬入,随后葬入2号人骨,3号和4号人骨随后依次葬入。

何家湾M35(图七九),内葬有两人,如前文所述,1号人骨胸椎与腰椎有错位,腰椎至髋骨部分向右偏移,为葬入2号人骨时将1号人骨腰部向右推挤所致,因此M35内1号人骨最先葬入。

上文分析了半坡类型合葬墓中几座墓葬内人骨的埋葬顺序,由于资料的限制并不是所有合葬墓都能通过人骨个体之间相互位置关系得知不同个体的埋葬顺序,但是可以确定的是合葬墓内人骨并不是此前一直认为的所有人骨均同时葬入且同时埋葬的。

三　合葬墓墓穴的多次使用

合葬墓中人骨埋藏特征的形成条件与原因与单人葬一致,均是人骨的位移或者缺失等位置结构异常应发生在人骨白骨化之后,并且水平位移的条件之一就是墓室内有空间存在。合葬墓内人骨埋藏特征的复杂性一定程度上决定了合葬墓使用过程的繁杂。

单一埋藏特征合葬有以下几种使用过程:

所有骨骼位移并缺失严重,人骨摆放毫无规律。以元君庙M410(图六三)为例,从图中人骨的分布来看,尚无法判断这些骨骼是原地埋葬还是迁入而来的。因而此类墓葬没有足够证据证明其具体使用过程,埋葬方式也不清楚。

墓室内人骨埋藏特征均为局部骨骼位移或缺失,就单人葬墓穴使用过程来讲,局部骨骼位移或者缺失的这类墓葬的使用过程都非一次埋葬而成;在合葬墓中,由于合葬情况相当复杂,其使用过程应更为复杂,也基本可以确定合葬墓的使用过程为非一次埋葬而成,但在此依然无法确认墓室内人骨是否为同时葬入。

墓内整体骨骼摆放整齐,具有一定的规律与规划性。墓内所有人骨都不具有原地埋藏特征,原有骨骼结构均被打乱。使用过程应该是将要进行二次合葬的人骨从其他地方迁出,再将这些人骨按照统一的摆放顺序与规划依次放入现墓室内,然后填埋现墓室并完成整个墓穴使用过程。从现今墓葬资料来看,我们无法得知墓葬原始埋葬位置,只有现穴的资料。如果按照现穴使用过程来讲的话,其应为多人一次合葬;如果考虑原始埋葬位置,其应为多人二次合葬。关于多人二次葬墓墓穴的使用情况问题,因不了解其原始埋藏位置,不能直接认为其墓穴为多次使用。但邓州八里岗 M13 内的 126 个个体,经碳十四测年,死亡时间相差 200 年以上[1]。虽然在 200 年之内这些人骨的保存以及埋藏情况还需进一步探讨,并且合葬人数较半坡类型合葬墓人数为多,但也能侧面说明多人二次合葬由于人骨埋藏特征较为复杂,各人骨埋藏特征的使用过程也不尽相同,其合葬情况的复杂性也就表明这类合葬墓的使用过程并非一次埋葬那般简单,其使用过程应为多次埋葬。

合葬墓内人骨缺失严重且摆放无规律的墓葬,因无法确认人骨个体的归属问题,其使用情况不得而知。至于墓室内所有人骨位移且摆放整齐有序的多人二次合葬墓,因墓葬内人骨的原始埋藏位置的不确定,不能直接简单认为其使用过程为多次使用。其余墓葬不论是单一埋藏特征合葬还是多种埋藏特征合葬,从人骨埋藏特征和人骨个体的空间位置关系双重论证可知,其墓穴经历了多次使用。

第三节　墓穴多次使用过程中的人为活动分析

考古学的理论和实践,就是要从残缺不全的材料中用间接的方法发现无法观察到的人类行为。从考古材料中推断人类行为也是考古学研究的目标所在[2]。前文在分类总结半坡类型墓葬人骨埋藏特征的基础上,进一步分析了人骨埋藏特征的形成过程、原因及条件。由此得知,半坡类型墓葬,至少其中一部分墓葬的使用过程,并非以往所理解的"一次埋葬"而成,单人墓和合葬墓都存在多次使用墓穴的埋葬现象。而且,在墓葬的使用过程中,人为因素对人骨埋藏特征的形成产生了很大影响。接踵而至的问题就是,导致墓葬人骨原始埋藏特征发生改变的人类行为究竟如何,这些人类行为背后的主观动机又是怎样的呢? 显然,这些问题也是涉及埋葬习俗的重要内容。

一　埋葬过程中的人为活动
根据前文论述,墓葬人骨埋藏特征的形成大多是基于入葬后人为活动所

---

〔1〕 张弛、何嘉宁、吴小红等:《邓州八里岗遗址仰韶文化多人二次合葬墓 M13 葬仪研究》,《考古》2018 年第 2 期。

〔2〕 布鲁斯·特里格、沈辛成:《世界考古学展望》,《南方文物》2008 年第 2 期,第 141 ~ 149 页。

导致的,只有少部分可能受到了自然原因及后期人为活动的影响(破坏)。综合分析人为因素所导致的墓葬人骨埋藏特征,可初步确定入葬后人为活动结果的主要表现形式。

人为扰乱墓葬人骨,就是指尸体自入葬至白骨化过程完成前后,时人基于某种原因对墓葬人骨进行扰乱,并导致其局部或整体原始埋藏特征的消失。骨骼位移或部分缺失,是这类行为所导致的显著特征之一。

人为推挤墓葬人骨,就是指尸体自入葬至白骨化过程完成前后,时人基于某种需要(如祭奠或合葬)再次使用墓葬时,因墓内空间相对有限,便以推挤既有人骨个体的方式获取可用空间。整体或局部骨骼的水平式横向位移,即是这类行为所导致的突出特征。

墓葬人骨整体迁出,就是指尸体入葬并完成白骨化过程之后,时人基于二次安葬或迁葬的需要,对墓葬人骨个体实施整体迁移。墓内残存零星骨骼(尤其指骨等小骨骼),应是这类行为所导致的突出特征。其原因就在于,在自然沉积、水淤沉积等因素的影响下,小骨骼极易被遗漏。

墓葬人骨整体迁入,就是指在他处完成白骨化过程的人骨个体,经迁出而重新选择安葬地点的行为结果。人体骨骼整体位移且摆放整齐,是这类行为结果的突出特征。由于相关鉴定工作的缺失,无从判断这类人骨个体的骨骼是否齐全。但从理论上来说,整体迁入的人体骨骼应与整体迁出的零星骨骼相对应,即可能存在部分骨骼的缺失现象。

二 入葬后人为活动的动机

动机一般是指引起、支配和维持个体行为的因素[1],是构成人类大部分行为的思想基础[2]。毫无疑问,对人类行为动机的科学分析,有助于进一步了解特定行为发生的内在原因。根据前文的分析结果,导致墓葬人骨埋藏特征的种种人类行为方式,应是当时普遍存在的特定社会行为现象。因此,分析入葬后人为活动的社会性动机,也是半坡类型墓葬研究不可或缺的重要内容。而分析入葬后人为活动的社会性动机,仍需从墓葬人骨的埋藏特征入手。

人为扰乱墓葬人骨。人骨个体入葬后,人为扰乱的行为结果突出表现为

〔1〕 姚本先:《心理学:〈心理学新论〉修订版》,高等教育出版社,2005年。
〔2〕 彭聃龄:《普通心理学(修订版)》,北京师范大学出版社,2001年。

局部骨骼位移或缺失。据本书第三章对半坡类型墓葬人骨埋藏特征的分类可知，在人骨个体存在局部骨骼位移或缺失现象的墓葬中，人体骨骼无序位移的数量最多。而且，人体骨骼位移或缺失的部位，几乎看不到任何规律性的迹象，完全可以归入无序位移或者缺失的范畴。人骨个体所呈现的埋藏状态，就是局部或全部骨骼散乱无序。由此可知，此扰乱这一人类行为的主要目的就在于扰乱。

由于史前时期生产力发展水平低下，人们对于周围环境的认识水平有限，认为万物有灵，对大自然有强烈的敬畏感，同样，对死者亡灵也是如此。古文典籍中亦有人们恐惧死者亡灵的记载。"子高曰：吾闻之也，生有益于人，死不害于人。吾纵生无益于人，吾可以死害于人乎哉？我死则择不食之地而葬我焉（不食谓不垦耕）"[1]。"凡死于兵者，不入兆域（战败无勇，投诸茔外以罚之）"[2]。"战而死者，其人之葬也，不以翣资（翣者，武之所资也。战而死者，无武也，翣将安施耳）"[3]。死者会害人，非正常死亡者不能葬入兆域等观念，均表明人们对于死者亡灵的恐惧。

出于对死者的恐惧，人们往往会采取一些措施去镇压墓主，如古代墓葬中随葬的镇墓兽和镇墓罐等。其作用不只是为了保护墓主人免受鬼怪侵扰，兼具镇慑墓主不得惊扰生人之意。如镇墓罐上有朱书"麟加八年闰月，甲辰朔六日己酉。重执（姬）女训，身死自注应之，今厌解，天注，地注，岁注，月注，时注，生人前行，死人却步，生死道异，不得相（撞）。急急如律令！[4]" "玄始十年八月，丁丑朔廿六日壬寅。张德政妻法静之身（死），今下斗瓶、五谷、铅人，（用）当重复地上生人。（青）乌子告北辰，诏令死者 自受其殃，罚不两加，不得注忤生人，移殃转咎，远与他里。急急如律令！[5]"等记载。朱书已经讲明，生死有别，不应作祟生人，确有镇摄墓主人之意。

如果人们认为死者亡灵在葬入后还在继续作祟人间，那就表明墓葬中随

〔1〕 阮元校刻：《十三经注疏》，中华书局，2009年，第2798页。
〔2〕 阮元校刻：《十三经注疏》，中华书局，2009年，第1697页。
〔3〕 庄周著，郭象注：《庄子》，上海古籍出版社，1989年，第34页。
〔4〕 韩跃成、张仲：《敦煌佛爷庙湾五凉时期墓葬发掘简报》，《文物》1983年第10期，第51～60页。
〔5〕 吴浩军：《河西镇墓文丛考（四）——敦煌墓葬文献研究系列之五》，《敦煌学辑刊》2015年第3期，第47页。

葬的镇墓兽或镇墓瓶并没有镇慑住亡灵。因此,就会采用一些特殊办法来镇压,如民间常以桃橛镇墓。如果亡灵所带来的危害并没有好转,人们就会采用更为激烈的方法。古人讲究死后入土为安,"魂气归于天,形魄归于地[1]",即人死后形和魄归地,形指的是死者肉身,魄指依附于死后肉身的一种虚幻存在的意识。在原始社会万物有灵、魂魄不灭的信仰支配下,人们认为在人死后魂气归天,形魄归地,并且相信逝者的魂魄会对生者,尤其亲属造成影响。当后人认为逝者对其生活造成伤害时,就会采取某种措施来制止这种不好的影响继续,从而就出现了对人骨的扰乱,以期人骨形魄不能合一,从而不能作祟人间。由此,扰乱这一人类行为的主要动机或是出于对死者魂魄的恐惧,并通过对形魄造成的破坏与扰动,以保障后人的生产生活顺利进行。

人为推挤墓葬人骨。推挤行为在人骨埋藏特征上的表现,就是人骨局部或全部骨骼整体位移,并呈现出水平式横向位移的突出特点。从墓穴内空间布局及相邻人骨个体的埋藏特征分析,推挤行为的动机涉及以下几个方面:

一是为后续合葬者提供必要的埋葬空间。如半坡M38(图七四)内3号人骨个体的脊椎被向左侧推挤,导致左肱骨头与椎骨距离较近(⑦),以保障4号人骨个体的埋葬空间。半坡M39(图七五)内1号人骨个体的胸椎中部,之所以向左侧非正常弯曲(②),应是为了保障2号人骨个体的埋葬空间,致使1号人骨个体的胸椎被整体向左侧推挤(①)。元君庙M440(图二七)内的1号人骨个体,除头骨及双足骨骼外,其余骨骼均被推往墓壁方向,以致该个体的骨骼紧贴墓壁放置(②),几乎没有任何剩余空间;而3号人骨个体的椎骨,从胸椎中部的位置开始向墓壁方向扭曲(①),直至盆骨最靠近左侧墓壁,左右股骨和小腿骨之间的内侧角度为钝角,但小腿骨还是竖直且保持相互平行状态,应系从腰部向左侧墓壁方向推挤所致。元君庙M456(图二六),4号人骨个体的髋骨上部向左弯曲(②),连带左右股骨亦向左侧倾斜;6号人骨个体的头骨与颈椎错位,脊椎整体向左侧偏移,胸椎部分非正常向左扭曲(①)。元君庙M457(图九三),3号个体的胸椎与腰椎之间断裂错位,胸椎以及颈椎部分向右偏移并导致右侧肋骨凌乱(③),左肱骨与左肩胛骨之间距离较大且不存在联结关系,左小臂上端向右侧倾斜,左小腿骨骼向右偏移与左股骨有错位。何家湾M35(图七九)葬有二人,其中1号人骨个体的胸椎与腰椎存在

---

〔1〕　郑玄注,孔颖达正义:《礼记正义》,上海古籍出版社,1990年,第506页。

错位现象,腰椎至髋骨部分则向右侧偏移(①)。这些人骨推挤现象,显然是为了给后续合葬者提供必要的空间。

二是为随葬品的放置提供必要的空间。如龙岗寺M276(图二四)人骨个体的右手臂、右手、右肩胛骨、右锁骨以及右腿骨及右脚骨,整体向右墓壁方向移动(①)。龙岗寺M276人骨个体的右手臂等部位的位移,均是为了放置随葬品。鱼化寨遗址M9[1]人骨膝关节部位整体向右位移,也是为放置随葬品提供必要的空间。甘肃临潭磨沟墓地的发现及研究结果表明,多次随葬现象可能也贯穿于墓葬的使用过程。如磨沟墓地M886的头龛内,随葬品明显就是两次放入的[2]。

三是为葬入后的人为活动提供必要空间。如何家湾M116(图二八)人骨个体的右小臂与右肱骨有错位,右肱骨向左微移(①);胸部骨骼整体向左偏移,左肩耸起并紧贴墓壁,且左胳膊骨骼与椎骨之间距离较近,应系整体向左推挤胸部骨骼所致。元君庙M428人骨个体的腰部骨骼整体向右偏移,连带左肱骨和左小臂骨也向右弯曲。在这些人骨推挤现象周围,并未发现有其余个体的骨骼或者随葬品,显然只是为了获取必要的活动空间。至于获取这类空间的动因是否与墓祭类人为活动有关,尚需进一步分析讨论。

整体迁出墓葬人骨。这种行为结果的突出特征,就是墓葬人骨个体仅存零星骨骼,绝大部分骨骼,尤其形体相对较大者均已迁移至他处。这一行为的主要动机有两种,特意二次葬(通常所谓二次葬)和合葬(可包含迁葬)。特意二次葬无需赘言。出于合葬目的的迁出现象,一般是不同时间死亡的家族成员中,存在异地死亡及埋葬现象,后因合葬需要而迁出。当然,也不能排除其他一些原因所导致的迁墓现象。

整体迁入墓葬人骨。这类行为结果的突出表现,就是人体骨骼整体位移且摆放整齐。这类行为的动机与整体迁出行为基本相同,均是为了迁葬或合葬。但是,无论是考古发现还是民族志资料,这类行为的动机也包括特意的二次安葬行为。亦即这类埋葬行为本身,就是基于宗教观念影响的二次埋葬习俗,包括民族学中所谓的"洗骨葬"等,与灵魂转世观念有关,而未必出于

---

〔1〕 西安市文物保护研究院:《西安鱼化寨》,科学出版社,2017年,第497页。

〔2〕 钱耀鹏:《柳湾各期墓葬的埋葬过程及相关问题——从磨沟墓地说起》,《考古学研究(10)》科学出版社,2013年,第406～430页。

合葬等目的。

综合上述分析,半坡类型墓葬中与丧葬有关的人为活动主要有扰乱、推挤、迁出和迁入等,虽然其背后的行为动机各有不同,但究其背后均是当时社会的丧葬观念所致。并且,这些行为很多都是为了合葬这一主要目的服务的。那究竟为何要将这些人骨合葬在一起,他们之间的社会关系究竟如何呢?

多人多次合葬墓内人骨之间的关系与现实生活中人与人之间的关系相似,主要包括血缘关系、社会关系等方面。人骨之间关系的确认需要从人骨的性别、年龄以及人骨埋葬特征这三个方面去探讨。

元君庙M440(图八九)内葬有十一人,1号人骨为一五十多岁男性,2号人骨为五十岁左右女性,3号人骨为二十五岁左右女性,4号人骨为五十岁左右女性,5号人骨为五十岁左右男性,6号人骨为二十岁左右女性,7号人骨为二十至三十岁男性,8号人骨为六至七岁小孩,9号人骨为二十五岁左右女性,10号人骨为二十五岁左右男性,11号人骨为四十岁左右女性。

上文在探讨合葬墓内人骨埋葬顺序时已经得知,元君庙M440内1号人骨应该先于2号人骨和3号人骨葬入,5号人骨和6号人骨晚于3号人骨葬入,4号人骨又晚于5号人骨和6号人骨。由于2号人骨和3号人骨之间并没有任何彼此干扰或人为干扰的痕迹所在,2号和3号人骨应是几乎同时埋葬的。至于7号人骨和8～11号人骨之间以及与其他人骨之间的先后顺序是无法具体证明的,其中1号人骨是1至6号人骨中最先葬入的。元君庙M440内人骨是多次埋葬,单个人骨埋葬方式涉及二次葬以及扰乱葬等,埋葬情况相当复杂。

由于多人多次合葬且合葬延续时间较长,墓葬使用时间跨度较大,埋葬方式复杂,因此墓室内人骨的死亡年龄并不一定等于他的合葬年龄,因此在选择研究对象上应十分谨慎。元君庙M440中1号人骨、2号人骨、4号人骨和5号人骨年龄均在五十岁左右,在当时社会这些人应已进入老年阶段,应为年老正常死亡,并且由于年纪较大其相互之间死亡时间较近,也就是说他们的埋葬时间相差不大,更容易探讨其之间的关系。

1号人骨和2号人骨,1号人骨先于2号人骨埋葬,在埋葬姿态上1号人骨被摆放成面向2号人骨的较为亲密的姿态,并且1号人骨和2号人骨之间性别相异,其关系或为夫妻关系。4号人骨和5号人骨,5号人骨先于4号人骨葬入,并且3号人骨先于4号人骨葬入,但在葬入4号人骨之时将3号人骨向右推挤以和5号人骨处于相邻位置,甚至大部分人骨叠压于5号人骨之上,4号人骨和5号人骨之间性别相异,相比较墓室内其他骨骼来讲,他们的关系应该也是比较亲密的。加之1号人骨和2号人骨、4号人骨和5号人骨足骨距离相近甚至不辨足部骨骼具体归属。古代唐李复言《续幽怪录》记载:"因问'囊中何物?'曰:'赤绳子耳。以系夫妻之足,及其生,则潜用相系,虽雠敌之家,贵贱悬隔,天涯从宦,吴楚异乡,此绳一系,终不可逭。'"[1] 夫妻之足相系,且无论生死、仇敌、贵贱等均不可逃,可从侧面证明 M440 内1号和2号人骨、4号和5号人骨之间或为比较亲密的关系。其余人骨因死亡年龄较年轻,人骨又并非同时死亡、同时葬入,人骨之间合葬年龄相差较大,因而其具体关系不好妄下断言,但至少可以说明元君庙 M440 为至少埋葬有两个家庭的人的合葬墓。墓室内人骨双足距离相近的墓葬并非元君庙 M440 这一个例,元君庙 M411 内1号和2号人骨、5号和6号人骨,龙岗寺 M67 内人骨亦存在此种情况,因此,双足放置一处或应是人骨之间关系亲密的象征之一。

综上,由于合葬墓内人骨存在多人多次合葬,墓室内人骨的死亡年龄并不等于人骨的埋葬年龄,所以以人骨年龄相近并不能准确地作为人骨之间关系研究的依据,人骨之间的亲密关系以及埋葬顺序应为判断人骨之间关系的主要依据。在无 DNA 技术的介入下人骨之间的复杂关系仅从人骨之间的位置关系、埋葬顺序和性别年龄等方面进行研究困难重重。在此本书根据人骨使用过程等方面研究合葬墓内人骨之间的关系只是希望为人骨社会关系方面研究提供一种新思路。

三 入葬后人为活动背后的埋葬习俗

从上文可知,半坡类型墓葬的使用过程并非一次埋葬而成,而是经历了多次埋葬。在墓穴多次使用过程中人类行为是人骨埋藏特征的形成以及墓穴使用过程中最主要的影响因素。并且在当时社会对墓葬进行扰乱、推挤、整体迁出以及迁入等人类行为并非个体行为,而是一种群体性行为,亦可上升为一种社会性行为。社会性行为一般都有一定的制度和相关准则。对于墓葬而言,一种群体性社会性行为对墓葬的干预可以称之为墓葬埋葬习俗,与墓葬埋葬方式有关。

半坡类型墓葬主要有一次葬和二次葬两种埋葬方式,前文已经提出半坡

---

[1] 李复言:《续幽怪录》,《全唐五代小说》,中华书局,2014年,第1420页。

类型墓葬的埋葬方式分类以及分类结果存在些许问题,通过对墓穴使用过程的分析和对墓葬人骨埋藏特征的解读可知半坡类型墓穴使用过程并非一次埋葬而成。对入葬后人类行为以及行为动机的分析发现半坡类型墓葬埋葬方式更为复杂,与使用过程一样并不仅限于一次葬和二次葬。在半坡类型墓葬中还存在与其他文化墓葬埋葬方式相同的墓葬埋葬方式。

（一）整体迁出或迁入墓葬人骨和二次葬

二次葬是原始社会曾经普遍存在的一种葬俗,其显著特征是将死者的尸骨进行两次或两次以上埋葬。由于埋葬的一般都是没有皮肉的骨骼,且多数是易地安葬,所以又有"迁骨葬""洗骨葬"等名称。瓮棺葬也是二次葬的一种表现形式,但本书主要讨论的是土坑葬,因而瓮棺葬不予详细探讨。二次土坑葬主要分为三种形式:①人骨成堆摆放,头骨摆放在中间位置;②人骨依然被还原成人骨生物结构的相对位置摆放;③人骨按照头骨躯干骨及四肢骨依次进行摆放。整体迁出和迁入墓葬人骨实际对应的是二次葬的原穴和现穴。二次葬的原穴和现穴构成了完整的二次葬过程,只是现今无法将其一一对应。这里的二次葬特指普遍的异地二次葬,原地二次葬除个别原地埋藏证据明显的墓葬外,大部分暂时无法明确辨识。

（二）扰乱行为与扰乱葬

学术界很早就注意到在甘青地区墓葬中的一类墓葬有人骨凌乱的现象[1],随着甘青地区墓葬的不断发现与发掘,有学者又称其为"部分解体葬"[2]。直至20世纪八九十年代扰乱葬这一墓葬埋葬方式得以确认,并逐渐在所有甘青地区史前文化中都发现了扰乱葬[3]。传统的甘青地区扰乱葬是指将人骨的次序扰乱甚至将挖开的填土伴随着扰乱后的人骨同时埋葬,扰乱后的结果就是人骨十分凌乱[4],基本无规律可循。

扰乱葬曾被认为是二次葬的一种类型,被称为二次扰乱葬,但通过人骨埋藏特征分析发现,二者是两种完全不同的埋葬方式。通过前文可知,二次

〔1〕 夏鼐:《临洮寺洼山发掘记》,《考古学报》1949年第4期,第71～137页。
〔2〕 云翔:《寺洼文化墓葬葬式浅析》,《史前研究》1984年第4期,第51～54、62页。
〔3〕 陈洪海:《甘青地区史前文化中的二次扰乱葬辨析》,《考古》2006年第1期,第54～68、2页。
〔4〕 陈洪海:《甘青地区史前文化中的二次扰乱葬辨析》,《考古》2006年第1期,第54～68、2页。

葬墓穴内的人骨摆放十分规律和整齐,体现了人们对于死者的敬重之意,丧葬仪式感较强。而扰乱葬人骨骨骼的主要特征是凌乱,人们对死者并没有敬重之意。二次葬的主要目的是对墓穴人骨的再次安葬,而扰乱葬则主要在于扰乱。并且二次扰乱这一概念容易产生歧义,认为是对墓葬人骨进行的第二次扰乱。未避免歧义,本书将局部骨骼缺失或位移的这类墓葬称之为扰乱葬。

近几年的考古发现与研究,尤其是甘肃临潭磨沟墓地的解剖性发掘为进一步了解墓穴使用过程提供了诸多埋藏堆积证据[1]。发掘研究表明,扰乱葬不只是以前认为的人骨凌乱不堪,除了有传统意义上认为的整体扰乱葬以外,还有就是局部扰乱葬。所谓局部扰乱葬,顾名思义就是对人骨的局部进行了扰乱,其余部分仍然保持着当时一次埋葬时的特征。人骨埋藏特征为局部骨骼位移或缺失,其余骨骼具有原始埋藏特征。

扰乱葬形成的前提条件是尸体的白骨化过程已经完成,在扰动的过程中并没有肉体的牵绊。扰乱葬的使用过程是在墓室人骨白骨化后再次进入墓室并对墓室内的人骨进行人为扰动。扰乱葬的形成原因主要是出于人对亡灵鬼魂的畏惧。墓穴使用过程中的行为集中在扰乱上,是因为当时人害怕埋葬之人对他们的生产生活造成不好的影响,对埋葬之人的骨骼进行扰动,使其无法保留原有的姿态,以期达到“挫骨扬灰”之效,以此来保护当时人的生产生活。这与上文所述扰乱行为的人骨埋藏特征以及行为动机相同,在半坡类型墓葬中局部骨骼位移或缺失,其余骨骼具有原始埋藏特征的这类人骨埋藏特征墓葬即为扰乱葬。

虽然在半坡类型墓葬中确认了扰乱葬的存在,但其与甘青地区之间的关系如何,扰乱葬的缘起问题亦值得讨论。甘青地区马家窑文化作为中原仰韶文化西进的文化类型,马家窑文化墓葬中出现的扰乱葬是否为中原地区传入的墓葬埋葬方式,这个问题还需斟酌。

此前亦有学者已经意识到这种葬式自仰韶文化起就已存在[2]。在甘青地区马家窑文化是与仰韶文化关系最为密切的文化,并认为马家窑文化是仰韶

〔1〕 钱耀鹏:《解剖性发掘及其聚落考古研究意义》,《中原文物》2010年第2期,第23~29页。
〔2〕 云翔:《寺洼文化墓葬葬式浅析》,《史前研究》1984年第4期,第52页。

文化晚期类型在甘青地区的延续[1]。但由于仰韶文化晚期类型墓葬发现较少，在墓葬研究上出现了断裂现象，扰乱葬研究也就止步于甘青地区。所幸河南灵宝西坡墓地的发掘基本可以为这一问题的解决提供借鉴。

灵宝西坡墓地位于灵宝市阳平镇，通过钻探发现于2004年冬，2005年春以及2006年春两次发掘共清理庙底沟时期墓葬34座[2]，其中多数墓葬为扰乱葬。如M6（图九七），内葬有一人，人骨仰身直肢。据照片所示，人骨保存状况较好，较为完整。人骨锁骨竖直摆放，肋骨椎骨散乱，右小臂骨头端向右错位（①），右手指骨位于右股骨处（②），左胫骨向右位移，髌骨缺失，足骨散乱不全。

M9（图版一，图九八），内葬有一人。据照片所示，人骨仰身直肢，保存状况较差，完整度不高。人骨颅骨和下颌骨错位分离严重（②），左锁骨竖直摆放，右锁骨缺失。肋骨散乱，腰椎部分有缺失。左桡骨位移，平行放置于墓室头端与左骨盆之上（①），骨盆有破损，左手掌骨、指骨散落于骨盆以及左右股

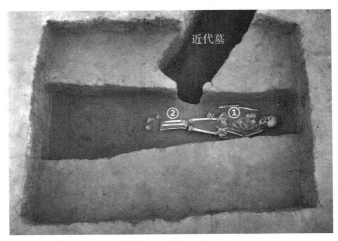

图九七　西坡M6

〔1〕邓建富：《试以文化变迁理论评马家窑文化的起源、发展说》，《中原文物》1995年第3期，第40～45页；马承源：《略论仰韶文化和马家窑文化的问题》，《考古》1961年第7期，第375～379页；张强禄：《马家窑文化与仰韶文化的关系》，《考古》2002年第1期，第47～60、2页；严文明：《马家窑类型是仰韶文化庙底沟类型在甘青地区的继续和发展——驳瓦西里耶夫"中国文化西来说"》，史前考古论集，科学出版社，1988年，第167～171页。
〔2〕中国社会科学院考古研究所等：《灵宝西坡墓地》，文物出版社，2010年。

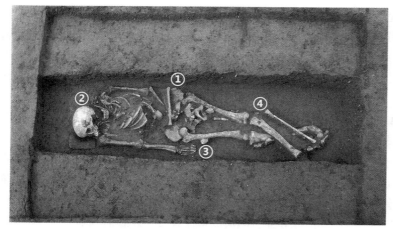

图九八　西坡M9

骨之间。左右髌骨位移至左右股骨右侧，左股骨向右倾斜（③），左小腿置于右小腿之上，左腓骨平行向下位移。双足骨骼保存较差，散乱不全。部分脊椎骨以及右小腿骨骼因骨骼遮挡未能完全揭露，因而情况不明。

M12（图版二，图九九），内葬有一人。据照片显示，人骨仰身直肢，保存状况较好，完整度较高。左右锁骨竖直平行于左右肱骨（①），右手手骨凌乱。左腓骨在照片中未显示，情况不明。其余骨骼保留原有骨骼结构及相互位置关系，原始埋藏特征明显。

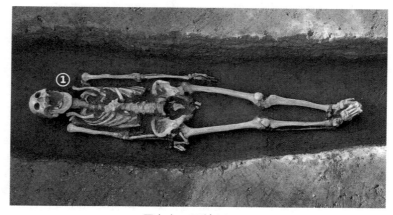

图九九　西坡M12

上述墓葬人骨埋藏特征表明墓室内人骨位置结构的异常部位多集中于股骨、腓骨、肱骨等。这些部位骨骼位移不是自然原因和后期考古发掘所能造成的。它应为墓穴使用过程中人为活动对墓室内人骨的扰乱,其埋葬方式应为扰乱葬。相同埋葬方式的墓葬还有 M14、M15、M19、M21、M25、M29、M30、M32、M34 等。

上文基本可以肯定甘青地区扰乱葬源自仰韶文化,但本书先论证了仰韶文化半坡类型中存在扰乱葬,并且扰乱葬在半坡类型墓葬中数量较多,是较为普遍的存在,扰乱葬或更早就存在。因墓葬资料的限制未能将扰乱葬的缘起按文化类型前后发展顺序排序,但在裴李岗文化舞阳贾湖遗址[1]中发现的扰乱葬至少表明在裴李岗文化中就有扰乱葬存在。

舞阳贾湖 M39(图一〇〇左),墓室内葬有一人,据照片所示,人骨基本完整,保存状况较好,为仰身直肢。颅骨破碎且颞部凹陷(②),腰椎以上胸骨摆

图一〇〇　舞阳贾湖 M39(左)M40(右)

---

〔1〕 河南省文物考古所:《舞阳贾湖》,科学出版社,1999年。

放凌乱（③），右小臂头端与右肱骨下端错位并向右上位移（①），手骨散乱置于骨盆之上，足骨有缺失。左手臂、腰椎、髋骨以及左右腿骨原始埋藏特征明显。

舞阳贾湖M40（图一〇〇右），墓室内葬有一人，据照片所示，人骨仰身直肢，人骨保存状况较好，人骨基本完整。上半身骨骼凌乱摆放，除右臂骨骼外均有位移，手骨缺失，右足骨骼散乱，部分足骨位移至左右小腿骨下端中间部位（①）。髋骨、骶骨以及双腿骨骼原始埋藏特征明显。

这些墓葬人骨发生位移的骨骼多为肢骨等大块骨骼，其形成原因与自然原因和考古发掘无关，是墓穴使用过程中人为活动对人骨造成的影响，其埋葬方式应为扰乱葬。相同埋葬方式的墓葬还有M31、M32、M78、M108、M121、M275、M281、M293、M297、M341、M377、M385和M399等。

综上，扰乱葬不仅局限于甘青地区，在仰韶文化半坡类型中依然存在，并且甘青地区扰乱葬是仰韶文化半坡类型在甘青地区的发展与传播所致。半坡类型中扰乱葬的缘起可以追溯至裴李岗文化，在舞阳贾湖遗址中扰乱葬亦为普遍存在，为当时当地较为普遍的墓葬埋葬方式，因而扰乱葬的起源或许更早。由于墓葬发掘资料的限制，未能列出扰乱葬的发展脉络，但随着考古发掘的不断深入，扰乱葬的缘起及发展会更清晰。

（三）推挤行为与墓穴多次使用

在史前时期的多人多次合葬墓确认之前，学界不曾质疑合葬墓内所有人骨个体的"一次埋藏"现象。在甘肃临潭磨沟墓地的发掘与研究过程中，通过人骨埋藏特征、填埋堆积特征等多方面证据，有学者详细论证了史前墓葬中存在的多人多次合葬现象[1]。进而，又在青海柳湾墓地中进一步辨析出多人多次合葬墓存在的事实[2]。显然，推挤墓葬人骨的行为，应是多人多次合葬现象的重要证据之一。半坡类型墓葬中的人骨推挤现象，其行为动机不乏与磨沟墓地相似者。也就是说，墓葬内尤其是合葬墓内推挤行为是墓穴多次使用的重要佐证之一。不过，由于仰韶文化晚期包括合葬墓在内，墓葬的发现数量极为有限，因而暂时无法消除仰韶文化半坡类型与齐家文化之间的时间缺

〔1〕 钱耀鹏、朱芸芸、毛瑞林、谢焱：《略论磨沟齐家文化墓地的多人多次合葬》，《文物》2009年第10期，第62～69页。

〔2〕 钱耀鹏：《柳湾各期墓葬的埋葬过程及相关问题——从磨沟墓地说起》，《考古学研究（10）》，科学出版社，2013年，第406～430页。

环。即便如此,多人多次合葬在半坡类型墓葬中的确认,对于研究这一时期的埋葬制度等都具有十分重要的意义。

综上所述,在半坡类型墓葬的使用过程中,人为活动是影响墓葬人骨埋藏特征的主要因素,是埋葬习俗贯穿于墓穴使用过程的直接体现。半坡类型墓葬葬入后主要有扰乱、推挤、整体迁出和整体迁入等人类行为,并分析了人类行为的行为动机。又因入葬后人类行为并非单体行为而是群体性、社会性的行为,与墓葬埋葬方式有关。但这几种人类行为除了整体迁出和整体迁入与二次葬有关外,扰乱和推挤行为和以前所认为的一次葬并无关联,因而推测其应为其他墓葬埋藏方式。通过人骨埋藏特征以及行为动机分析得出扰乱行为与甘青地区扰乱葬有关,推挤行为与多人多次合葬有直接关系,从而得知在半坡类型墓葬中存在扰乱葬和多人多次合葬,并且甘青地区扰乱葬源自仰韶时期的扰乱葬,在仰韶文化之前亦发现有扰乱葬存在,扰乱葬的起源应更早。

第四节　半坡类型墓葬中多次使用现象的时空演变

本书第一章已经提到关于半坡类型的分期问题,在此不再重复论述。结合前人对半坡类型墓葬的分期研究成果和墓葬随葬品类型,将其分为半坡类型前段和后段两个阶段,前段以姜寨一期、半坡早期前段、北首岭中期前段、横阵墓地为代表,后段以姜寨二期、史家墓地、大地湾仰韶早期、王家阴洼墓地为代表。

前文已提到,半坡类型墓葬存在多次使用的现象,现根据分期结果将墓葬多次使用现象做出统计,以期得出墓葬多次使用现象在半坡类型墓葬中的时空演变情况。统计结果可见图版九。

从图版九中发现,各遗址中墓葬多次使用现象数量较少,与前文分析结果稍有偏颇,这主要是因为墓葬填埋堆积信息的缺失对多次使用现象的准确确认造成的。

首先,前文中亦提到,本书所研究的墓葬大都发掘年代较早。由于当时学界整体认知水平的影响,以及考古发掘与研究条件的不足,导致在考古发掘报告编制过程中,并不是所有墓葬都有详细图文介绍,而是仅有少数典型墓葬举例。

其次,本书主要以墓室内人骨埋藏特征为主要分析研究对象,也就是说,本书大量的分析研究都是看图而作。而线图的主观性较强以及人骨埋藏特征的表现并不明朗,直接导致研究对象多以墓葬发掘照片为主,少量具有十分明确的人骨埋藏特征的墓葬线图为辅。墓葬发掘照片又因拍照角度、对象选择、清晰度不佳等原因导致部分照片并不能使用。这样就在无形中减少了本书的主要研究对象。

再次,半坡类型墓葬中的多次使用现象并不存在于每一座墓葬中,这样在本就不多的研究基数上,多次使用现象的统计对象再次减少。

最后,墓葬填埋信息的缺失,对多次使用现象的确认造成极大的困扰。仅从人骨埋藏特征研究墓穴使用过程,缺乏墓葬填埋信息,对研究过程和研究结果都有很大的影响。比如,在半坡类型后段中多人二次合葬墓数量较多,但由于填埋堆积信息的缺失,在分析研究过程中并不能确认其具体埋葬及使用过程如何,是否存在多次使用情况。

综上所述,因多重原因的影响所致,半坡类型墓葬中可以准确确认的多次使用现象的墓葬数量较少。虽然数量较少,但也能一定程度上说明,半坡类型墓葬是存在多次使用现象的。墓穴多次使用现象在半坡类型前段和后段均有存在,且分别存在于单人葬和合葬墓内。半坡类型后段和前段相比较,多次使用现象较少,主要是因为半坡类型后段多人二次合葬墓的流行。

第六章　墓穴多次使用现象与
考古埋藏学研究

前文虽然对半坡类型墓葬人骨埋藏特征、人骨位置结构异常的形成过程及原因，墓穴使用过程和多次使用现象做出了较为详尽科学的分析，但墓葬填埋堆积信息的缺失不为一种遗憾，从而可知埋藏学在墓葬研究中的重要性。虽然此前所发掘墓葬的填埋堆积信息我们永远无法复原，但可以在以后的发掘与研究工作中对此多加关注，将埋藏学和墓葬研究紧密结合起来。

第一节　埋藏学与墓葬的考古学研究

埋藏学（Taphonomy），也称化石埋藏学，是研究生物遗体埋藏规律的科学[1]，是古生物学研究的主要方法之一，主要研究内容在于生物体从生物圈转入岩石圈的过程问题[2]。自1940年苏联科学家叶夫连莫夫首次提出埋藏学概念至今，经过学者们的不断研究，埋藏学的理念已经拓展到多个学科研究领域，包括古生物学、地质学、考古学、生态学以及人类学等。考古学的研究对象是古代人类遗留下来的实物遗存，基于自然原因和人为原因的交织作用，这些实物遗存大多深埋于地下。实物遗存同样经历了漫长的埋藏过程，才被考古学者通过调查发掘的方式揭露出来。实物遗存的这些特性，与古生物化石的埋藏属性甚为相似，只是埋藏过程中人为因素对埋藏物的影响作用更为突出。在原理上，考古学与埋藏学十分相似，考古学完全可以借鉴埋藏学的研究思路与方法，并应用到具体的考古研究实践之中。20世纪80年代，尤玉

---

〔1〕　潘云唐：《埋藏学及其发展评述》，《地球科学进展》1989年第1期，第27～30页。

〔2〕　同号文、邱占祥：《国外化石埋藏学的历史与现状简介》，《古脊椎动物学报》1991年第2期，第152～161页。

柱先生所著的《史前考古埋藏学概论》应运而生,成为我国第一部埋藏学方面的学术专著,书中详细介绍了埋藏学原理、埋藏类型、埋藏实验以及埋藏学在史前考古研究中的应用问题[1]。

自20世纪80年代至今,埋藏学在考古学中的应用得到了不断的深入与发展,但研究领域一直局限于动物考古学与旧石器时代,研究的主要内容包括动物族群、古环境、人骨化石、旧石器时代文化层形成和埋藏类型的判定等。如《万寿岩旧石器时代遗址埋藏学研究》[2]《灵井动物群的埋藏学分析及中国北方旧石器时代中期狩猎-屠宰遗址的首次记录》[3]《许昌灵井旧石器遗址埋藏学观察》[4]等文章均是对于旧石器时代遗址的分析与研究。

史前考古埋藏学主要是指,运用埋藏学的研究思路与方法来研究史前人类社会发展过程中的诸多问题。目前史前考古埋藏学多用于旧石器时代研究,新石器时代研究应用较少。在旧石器时代研究中,埋藏学主要用于研究旧石器时代遗址或地点堆积的形成过程、形成原因以及埋藏类型的判定。埋藏学在动物考古学中主要分析动物的族群特征等方面的内容。研究的重点往往集中于自然力对于人类社会文化遗存产生的影响。到新石器时代由于人为原因在人类社会发展中具有越来越重要的作用,人类的生产力有很大的提高,对于自然界改造与利用的能力也日益增强。并且在新石器时代文化遗物的多样化以及文化属性的纷杂化,导致考古学的研究对象更加多元化,往往忽视了埋藏学在新石器研究中所能解决的各种问题。尤其在墓葬研究中,过多侧重于随葬品的类型、人骨的性别特征以及墓葬埋葬方式等研究,而忽视了填土堆积作为墓葬重要组成部分所体现的墓葬埋藏信息。

墓葬作为埋藏类型中的特殊埋藏类型,保存了当时的丧葬制度,是当时社会的缩影。且不论社会缩影是不是真实的完整再现,但其至少在一定程度上可以复原当时人们生产生活方式的一部分。在上文我们也提到墓穴使用

〔1〕 尤玉柱:《史前考古埋藏学概论》,文物出版社,1989年。

〔2〕 陈子文、李建军、范雪春:《万寿岩旧石器时代遗址埋藏学研究》,《人类学学报》2006年第3期,第220～226页。

〔3〕 张双权、高星、张乐、李占扬:《灵井动物群的埋藏学分析及中国北方旧石器时代中期狩猎-屠宰遗址的首次记录》,《科学通报》2011年第35期,第2988～2995页。

〔4〕 李占扬、陈文利:《许昌灵井旧石器遗址埋藏学观察》,《华夏考古》2007年第4期,第130～136、145页。

过程对于研究当时丧葬制度以及其他社会制度等方面的重要性，因而对于墓穴使用过程的研究很有必要。但是由于资料的限制，我们对墓穴使用过程的研究仅限于人骨的埋藏特征，但有些问题仅从人骨的埋藏特征上可以分析其存在的可能性，但依然苦于没有堆积证据来证明其存在。

　　首先，半坡类型墓葬研究中有一种现象值得注意，即墓室内所葬人骨颅骨破碎现象。这里所指的颅骨破碎并非指人骨因自然腐朽而造成的颅骨破裂，而是颅骨严重变形，甚至已经呈现扁平状。这种情况在半坡类型墓葬中还比较常见，如龙岗寺遗址中的M14、M17（图一〇一）、M203、M210、M276、M291、M295（图一〇二）、M296、M300、M316、M327、M335、M364和M376，何家湾遗址中的M9、M16、M35、M162，北首岭遗址78M16和78M20等墓葬中均有此现象。这些墓葬内人骨的颅骨部分均破碎且变形严重，与正常颅骨形态严重不一致。

　　从颅骨破碎程度来讲，颅骨破碎应为外力大力击打所致，或为时人有意

图一〇一　龙岗寺M17

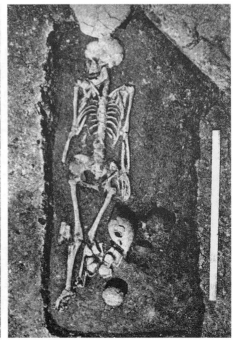

图一〇二　龙岗寺M295

为之，或为墓室坍塌所致。但从颅骨破碎并呈片状摊开的状态来看，颅骨破碎之时周围是没有填土支撑的，亦即颅骨破碎这一行为发生之时墓室内并未完全填埋，因为在墓道上没有发现再次挖开的痕迹存在。即便如此可以对墓室未完全填埋这一现象做出合理性推测，但还是依然没有证据支撑。

其次，前文提及的原地二次葬和整体扰乱葬的确认，都需要墓葬人骨原始埋藏证据的支持。然而，在具体的研究实践中，墓葬人骨具备原始埋藏特征的证据少之又少。不少墓葬人骨的埋藏状况，还因不同人骨个体之间的堆叠交错，或者随葬品的遮挡而情况不明。如元君庙M425、M455、M456等均存在这种现象。如若能够完整揭示墓葬人骨的埋藏特征，并仔细采集墓葬的各类埋藏特征及信息，便可避免墓穴使用过程研究中证据不足的尴尬局面。

最后，半坡类型墓葬中还存在有二层台的墓葬，如半坡M152，元君庙M429、M457、M458等。至于二层台结构的作用与意义，是否仅仅是为了体现与周围墓葬的等级差异呢？显然，比较分析的结果并非如此。仅就随葬品的情况来看，这些拥有二层台结构的墓葬与一般的竖穴土坑墓并没有太大的差别。那么，二层台结构的意义究竟何在？前文在分析人骨埋藏特征的形成原因与条件时，曾提到二层台可能是为了架设棚架设施而存在的。这种理论性的推测虽然尚无直接的埋藏证据可以证明，但西坡墓地墓葬二层台上发现的盖板痕迹则一定程度地支持了这一推测的合理性。

上述半坡类型墓葬中较为特殊的两种埋藏现象，皆可做出理论上的合理推测，进而解释其形成的原因和存在意义。不无遗憾的是，由于埋藏堆积证据的缺乏，这些理论推测的客观性尚显得不够充分。也就是说，仅仅依靠墓葬人骨的埋藏特征，虽然也可一定程度地揭示墓葬的使用过程，但相关证据却略显单一。因此，有关墓穴使用过程的研究需要获得埋藏证据的多方面支持，不能仅仅局限于墓葬人骨的埋藏特征。

第二节　考古埋藏学在墓葬研究中的应用

墓葬作为人类刻意而为的特殊埋藏类型，人为原因在墓葬埋藏特征的形成过程中发挥着主导作用。墓葬的埋藏因素主要包括：墓葬结构、墓葬人骨、随葬品及填埋堆积等。墓葬埋藏过程的分析，也应通过这些方面的证据相互验证。以往，大部分墓葬发掘都缺失了这些信息，所以在分析墓穴使用过程中便出现了证据单薄的现象,以致影响到考古埋藏学的应用。为了更好地揭示埋藏学分析方法的重要作用,本书选取埋藏信息记录较为丰富的河南灵宝西坡墓地M29,以埋藏学方法分析该墓葬的使用过程。

灵宝西坡墓地前文已有部分介绍,其发掘记录有详尽的人骨、随葬品以及填土信息[1](此后除有特殊说明,西坡墓地相关资料均出自西坡墓地报告,不再重复加注)。尤其是每座墓葬都有详细的填土堆积记录,还有部分照片保留,为研究庙底沟时期墓葬提供了十分充实的考古资料。西坡M29为竖穴土坑墓,墓室结构为竖穴土坑带二层台有脚坑墓葬,墓室之上以木板封盖,木板已塌陷,并有塌陷痕迹存在。M29的埋藏特征主要包括三方面,人骨埋藏特征、填土堆积特征和随葬品埋藏特征。

人骨埋藏特征,据照片显示(图版三至五,图一〇三),人骨仰身直肢,保存状况较好,完整度较差。锁骨错位并分别位移至胸部和右腹部,右侧肋骨错位且有缺失,腰椎、尾椎错乱。右臂缺失,左肱骨缺失,手指骨散落于躯体之上,足骨较凌乱。右骨盆位于墓室头端距离墓底10厘米的位置(①),右股

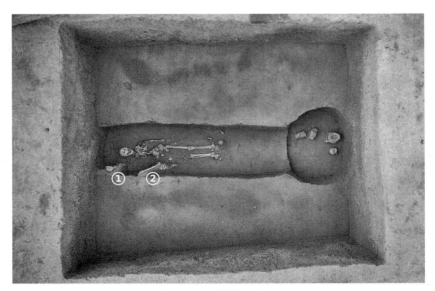

图一〇三　西坡M29

〔1〕 中国社会科学院考古研究所等:《灵宝西坡墓地》,文物出版社,2010年。

骨斜挂于墓室南壁（②），股骨头高出墓口1厘米。头骨、左小臂、左骨盆、左腿以及右小腿骨骼应在原始埋藏位置，具有原地埋藏特征。M29内人骨发生位置结构性异常的部位和位移方式均非自然力或者生前造成，应是后来人为扰动造成。填土堆积特征（图版一〇，图一〇四），虽没有填土堆积的剖面情况，但文字描述以及部分照片将M29内填土堆积情况介绍得较为详尽。填土堆积按照土质土色大致分为三类，棕红色土、青灰色草拌泥和黄色花土混杂花斑土，青灰色草拌泥层，松软且混杂大量青灰色草拌泥块。其中棕红色土、青灰色草拌泥和黄色花土混杂花斑土堆积范围包括墓口以及墓口之下深约110厘米的位置，青灰色草拌泥层分布于距墓口120厘米左右的位置，厚度不均匀，最厚约10厘米。松软且混杂大量青灰色草拌泥块的堆积位于整个墓室。M29墓室和脚坑均以木板封盖。墓室西端盖板板灰较平整，墓室中部盖板在二层台上未见痕迹，塌陷部分亦未见木板朽痕，但塌陷草拌泥块上有木板覆盖的麻布印痕。

就填埋堆积而言，青灰色草拌泥、青灰色草拌泥层以及青灰色草拌泥块，分布于墓室内堆积不同位置，其形成原因和形成条件，对于判断墓穴使用过程十分重要。二层台之上青灰色草拌泥和黄色花土混杂在一起，明显与西坡墓地周围自然堆积不同，且西坡墓地M27二层台之上保留有完整的草拌泥

图一〇四　西坡M29草拌泥层塌陷图

层[1]，因此，与黄色花土混杂一起的青灰色草拌泥来自墓室内而非别处。青灰色草拌泥层，虽然分布不均匀，厚度不一，基本覆盖了整个墓室，且有塌陷痕迹（图版一一，图一〇五）。墓室内大量青灰色草拌泥块应为青灰色草拌泥层塌陷破碎而成，而青灰色草拌泥层塌陷的主要原因即墓室内要有空间，如果墓室内没有空间那也就无塌陷的可能性。

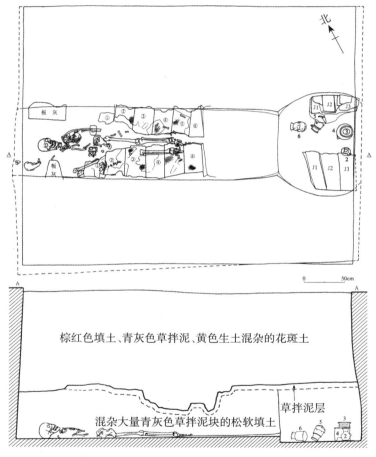

图一〇五　西坡M29人骨位置及填土堆积示意图（据报告插图改制）

---

[1]　中国社会科学院考古研究所等:《灵宝西坡墓地》,文物出版社,2010年,第290页。

整合人骨埋藏特征、填土堆积特征以及墓室塌陷以及堆积图分析，M29在尸体入葬后墓葬埋葬及使用过程应分为以下几个步骤：

人骨葬入之后，二层台上架木板，木板之上以青灰色草拌泥封闭墓室。墓室之内未有填土或者只填少部分填土，青灰色草拌泥封闭之后以花土部分填埋墓圹。

尸体白骨化后，墓室中部重新打开，此部位墓室木板棚架之上的青灰色草拌泥遭到破坏并移出墓葬，并将此部位木板抽离墓室。这也就解释了墓室中部木板板灰痕迹未发现的原因。随后对人骨胸腔以及足部等部位进行扰乱，在打开墓室中部木板及草拌泥之时上部填土顺势涌入墓室，也就解释了人骨右股骨及右髋骨斜挂于墓壁之上的原因。

在对人骨进行扰乱行为之后填埋墓圹，之后墓室西部发生了塌陷，因为即便填埋了墓圹，但西部仍以木板封盖墓室，其下仍有不少埋藏空间，也就是塌陷的原因所在。至此西坡M29完成了墓葬的使用过程，由于在墓室塌陷之后并未有其他埋藏现象存在，因此M29的使用过程亦在此结束。

第三节　墓穴多次使用现象的埋藏学研究启示

虽然本书以人骨埋藏特征为主要分析依据，能在一定程度上确认半坡类型墓葬中人骨位置结构异常，分析其形成过程和原因，进而得出半坡类型墓葬中的多次使用现象。最后通过分析墓葬多次使用现象，确认了在半坡类型墓葬中扰乱葬和多人多次合葬的存在。对于半坡类型墓葬埋葬习俗方面的研究具有一定的突破意义。但在分析研究过程中也深刻意识到，埋藏学对于墓葬研究的重要性，墓葬填埋堆积信息的缺失对上述研究过程及成果都为一种遗憾，降低了研究的科学性。纵有以西坡墓地M29为例，证明将人骨埋藏特征与墓葬填埋堆积的结合，对于研究墓葬埋葬习俗的重要性。但也因墓葬埋藏堆积信息记录的不完整，依旧不甚完美。鉴于此种情况，以后的墓葬与埋藏学结合研究有以下几点需要注意。

全面解剖发掘墓葬。以往，对于墓葬的解剖发掘多限于地表封土部分，墓穴部分则普遍采用水平式整体向下清理的发掘方式。如此，墓穴部分的填埋堆积信息几乎全部丧失。但对于墓葬研究来说，填埋堆积信息具有不可或缺的重要性。因此，解剖发掘墓穴的必要性不容忽视。对于墓葬的解剖发掘，笔者曾亲自参与,与传统墓葬发掘方法相比,解剖步骤并不繁杂,画填土堆积层位图亦非难事,比较难以处理的问题是对填土堆积的辨别、划分和解释。关于墓葬的解剖发掘方法,有学者对其进行过专门讨论[1],在此不予赘述。

随时记录墓葬发掘过程。复杂的墓葬埋葬过程决定了我们无法预知墓葬的填埋信息。因此,在墓葬解剖发掘过程中,应随时记录墓葬填埋信息,而且要详细且完整。

部分墓葬存在人骨叠压或随葬品遮挡的情况,导致下层人骨及其堆积埋藏状况不明。如元君庙墓地M417(图八三)内,8、9、10号人骨上方放置有一些人骨,且上下人骨中间有填埋堆积相隔,而部分人骨原地埋藏的证据往往隐藏其中。部分人骨原地埋藏是证明人骨最初埋葬位置的关键,对于判断原地二次葬以及整体扰乱葬尤为关键。此外,不少人骨的埋藏特征还因随葬品的遮挡而情况不明。因此,在提取随葬品或上层人骨之后,还应以文字及图像形式详细记录其下的埋藏信息。

提取人骨后应及时记录墓室信息。在墓葬发掘过程中,有时只有在提取人骨之后,才能显露出一些特殊的埋藏信息。因此,在提取墓葬人骨之后,还应注意观察人骨之下的埋藏现象,并及时记录相关埋藏信息。唯有如此,才能最大限度地获取有关墓葬的埋藏堆积信息。

对墓葬埋葬信息的释读。和埋藏学分析方法相似,通过对墓葬埋藏信息的释读与分析,确定其埋藏性质,埋藏特征形成的条件与原因,揭示墓葬埋藏特征的形成过程,最终可知墓葬的整个使用过程。

综上分析可知,埋藏学分析方法在史前考古学中的应用,不应限于旧石器时代遗址的埋藏性质及埋藏过程分析,更应拓展到早期墓穴使用过程的研究方面。以墓葬为特殊埋藏单位,进而分析墓葬人骨的埋藏特征、埋藏过程以及形成原因与条件,以充分揭示墓葬的使用过程。这些研究对于探讨当时的埋葬习俗、埋葬制度及社会关系等具有基础性的重要作用。当然,埋藏学在墓葬研究中的推广与普及,还需要把埋藏学意识贯穿于田野考古发掘工作中,以便获取更多有关墓葬的埋藏信息,从而更好地分析墓葬的使用过程。

---

〔1〕 钱耀鹏:《解剖性发掘及其聚落考古研究意义》,《中原文物》2010年第2期,第23~29页。

第七章　结　　语

通过对半坡类型墓葬人骨位置结构异常的分析与研究,本书证明墓葬存在多次使用现象,确定了半坡类型墓葬埋葬方式中有扰乱葬和多人多次合葬存在。本书以全新的视角和理念对半坡类型墓葬埋葬习俗加以重新分析与研究,并结合埋藏学研究理念,认为半坡类型墓葬并非所有墓葬均为一次埋葬,在具体墓穴使用过程中存在多次使用的现象,具有一定的研究价值和意义。但碍于研究资料、研究内容以及篇幅限制等原因,在半坡类型墓葬研究中还存在些许不足之处,还需后来资料的补充与改进。

在人骨研究方面,此前研究一直较多关注人骨的性别、年龄以及特殊的骨骼形态结构异常。墓葬人骨埋藏特征的考察结果显示,墓葬人骨除了部分骨骼的形态结构异常外,事实上还存在着大量位置结构异常现象。而墓葬人骨的位置结构异常现象,往往涉及埋葬方式及埋葬制度等重要问题。因此,有关墓葬人骨的研究,不仅需要关注骨骼形态结构异常,更需要关注其位置结构异常现象。

在墓葬埋葬制度方面,半坡类型墓葬的使用过程研究表明,这一时期的埋葬方式,不仅包括一次葬和二次葬,而且还存在着扰乱葬和多人多次合葬现象。这几种墓葬埋葬方式的确认,初步显示出重新审视半坡类型墓葬埋葬方式的必要性,甚至涉及半坡类型乃至整个仰韶文化墓葬的埋葬制度。这项研究工作的工程量巨大,非本书所能涵括,有待今后进一步展开相关研究。

在合葬墓研究方面,通过墓穴使用过程的研究,多人多次合葬墓合葬过程十分复杂,合葬过程经过了统一规划。复杂且统一规划的合葬过程背后,应是高度集中的丧葬管理制度以及根深蒂固的家族理念。合葬墓背后具体的原因以及相关问题,如合葬墓内人骨之间的关系、墓葬埋葬制度以及族群理念等,本书仅稍有提及,未做深入研究,这些问题与本书主旨稍有偏离,还需另做进一步研究。

　　本书虽主要探讨半坡类型人骨位置结构异常的墓葬,分析其形成过程及原因,并确认了墓穴多次使用的存在。但仅以人骨位置结构异常作为墓穴多次使用的主要评判标准未免太过单薄。墓穴内人骨没有位置结构异常存在的墓葬,其墓穴是否为一次使用? 这点还需谨慎斟酌。因为墓葬人骨的安葬或埋葬次数并不能直接等于墓穴的使用次数。因为磨沟墓地就发现墓室内人骨"一次葬"特征明显,但随葬品为后来放置的情况。如磨沟M907[1],墓室内葬有一人,人骨仰身直肢,骨骼基本完整有序(图版七、八,图一〇六、一〇七)。单以人骨埋藏特征而言,并没有受到后期人为因素的影响。但人骨两侧的随葬品高于人体,置于两层淤土和花土之上。而淤土的重要形成条件就是墓室内有空间。也就是说在人骨葬入后至淤土形成之间,墓穴未进行填埋,墓穴进行了多次使用,而随葬品并未和人骨同时葬入。虽尚未在半坡类型墓葬中发现此类情况,因墓葬堆积信息的缺失,也基本无法证明半坡类型墓葬

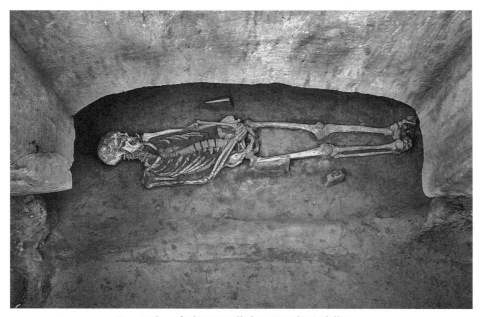

图一〇六　磨沟M907偏室人骨及部分随葬品

〔1〕 钱耀鹏、毛瑞林:《考古埋藏学的田野实践与思考》,《南方文物》2016年第2期,第57～71页。

图一〇七　磨沟M907骨匕出土情况

人骨"一次葬"而墓穴多次使用的现象存在,但不能笼统认为只有存在人骨位置结构异常的墓葬才存在墓穴多次使用的情况。

不是所有对墓穴进行使用的行为都会在墓穴内留下使用痕迹,所保留的人骨埋藏证据、填土堆积证据仅为部分墓穴使用过程中人类活动的证明。我们现今阶段只能以此类证据为主要研究对象分析墓穴的使用情况。不能因为没有此类明显证据就片面认为墓穴为一次使用,墓穴的使用情况甚为复杂,非本书所能完全概括,期待后续新资料的印证与补充。

在考古学研究中,由于墓葬是人类有意埋藏行为所致,其特殊性显而易见。基于"事死如生"丧葬思想的深刻影响,墓葬资料无疑隐含着许多社会信息。因此,把墓葬理解为现实社会的缩影并非毫无道理。也就是说,墓葬不仅能够直接揭示当时的丧葬习俗,也可一定程度地揭示当时的社会生产生活状况、婚姻形态与家庭结构、社会组织等方面的内容。本书从人骨埋藏特征入手,探讨了半坡类型墓葬的埋葬过程,并得到一些初步的认识。

墓葬人骨埋藏特征的形成过程极为复杂,但原始埋藏阶段的墓穴使用过程是人骨埋藏特征形成的重要一环。墓葬人骨埋藏特征的形成过程包括生前形成阶段和死后埋藏阶段。生前阶段可能影响墓葬人骨位置结构异常的原因，主要涉及拔牙或自然脱落、断指、截肢、腰斩、猎头等，一般不包括体质人类学所关注的人骨生理形态结构异常。死后埋藏阶段通常是墓葬人骨埋藏特征的主要形成阶段，可分原始埋藏阶段（埋葬过程）和后期埋藏阶段。其中，原始埋藏阶段的人为活动，以及雨水冲刷、自然塌陷、啮齿类动物扰动等自然原因，皆有可能直接影响墓葬人骨埋藏特征的形成。后期埋藏阶段即墓穴使用过程完成以后，仍有诸多因素可能会对墓葬人骨的埋藏特征产生直接影响，除了自然原因，也包括后世人类活动对墓葬的破坏行为、考古发掘过程中对人骨的不经意损伤或扰动等。在排除了整个埋藏过程的自然因素、后期埋藏阶段的人为因素影响之后，原始埋藏阶段影响人骨埋藏特征的人为因素，无论具体目的如何，都应属于埋葬习俗在墓穴使用过程中的表现。

半坡类型墓葬并非一次埋葬而成。即通过仔细辨别和分析墓葬人骨位置结构异常的形成过程、形成原因和形成条件，可以初步判定墓葬人骨的埋藏特征并非一次埋葬行为所致。无论单人墓还是合葬墓，多次使用（包括多次合葬现象）过程皆可得到确认。这一分析结果表明，将半坡类型墓葬默认为一次性使用、埋葬的传统观念，明显有悖于客观历史事实。进而，基于半坡类型墓葬多次使用过程的确认，不仅可以进一步说明墓穴二层台结构的具体作用，主要在二层台上架设棚架封闭墓室，还为深入解析墓葬人骨的种种位置结构异常现象提供了重要依据。

入葬后的人为活动结果，主要表现在扰乱或推挤人骨、整体迁出或迁入人骨等方面，且多与丧葬习俗或宗教性社会行为相关。墓葬人骨的整体迁出或迁入，无疑是二次葬的不同表现形式，无需赘言。而扰乱或推挤墓葬人骨的行为，也应与埋葬习俗有关。其中，扰乱葬或谓二次扰乱葬，是20世纪90年代以来首先在甘青地区史前墓葬中得到确认，并被视为极具地域色彩的埋葬习俗。近年来甘肃临潭磨沟遗址的发掘，进一步确认了多人多次合葬现象存在的事实。不过，从半坡类型墓葬的分析结果来看，无论是扰乱葬还是多人多次合葬现象，实际并非甘青地区史前时期的特有葬俗，甚至还有可能源自仰韶文化。其原因就在于，甘青地区史前文化与仰韶文化之间的渊源关系极为密切，马家窑文化就是在仰韶文化庙底沟类型的基础上逐渐发展而来的。姑且不论半坡类型墓葬存在的扰乱葬及多人多次合葬现象，时间差距更小的河南灵宝西坡墓地庙底沟类型墓葬中，明显也存在着扰乱葬现象。当然，从墓葬数量发现较多的河南舞阳贾湖等遗址的情况来看,不少墓葬人骨的散乱状况表明,扰乱葬现象可能早在裴李岗文化时期即已出现,并非始于仰韶文化半坡类型时期。

性别、年龄不是判断墓葬人骨个体之间相互关系的唯一条件。普遍存在于半坡类型墓葬的多人多次合葬现象表明,同一座墓葬的不同人骨个体未必是同时埋葬的。加之扰乱葬、二次葬的存在,进一步加剧了人骨个体死亡时间与埋藏时间的不确定性。因此,探讨不同人骨个体之间的相互关系,首先需要确定同一墓葬内不同人骨个体的大致埋藏过程及顺序,然后再根据人骨个体的性别、年龄加以分析判断。不过,基于墓穴多次使用过程中人为活动结果的不确定性,以及填埋堆积证据的完全缺失,我们也很难准确地判别每一座墓葬不同人骨个体之间的相互关系,但对于丧葬习俗、族群观念及社会组织研究等仍有启迪意义。

无疑,墓穴使用过程的研究需要综合墓葬结构(棚架类特殊结构)、填埋堆积状况、人骨埋藏特征及随葬品空间位置等诸多方面的信息。也就是说,在人骨埋藏特征的基础上,若能获得填埋堆积证据的进一步验证,便可更加有效地说明墓葬的使用过程。有鉴于此,墓葬的发掘清理应尽量做到全面解剖,尤其隐含间歇性堆积信息的淤土、沉积土、塌陷土等,应及时予以记录。

半坡类型墓穴使用过程的研究,充其量只是打开了墓葬研究新视野的一个窗口,接踵而来的诸多问题还有待进一步展开讨论。诸如扰乱葬背后的宗教思想、多人多次合葬的社会原因、多样性埋葬现象与复杂的丧葬观念等,这些问题的意义远远超越了墓穴使用过程本身。无论扰乱葬还是推挤人骨现象等,实际都涉及尸体的白骨化过程以及与之相关的丧葬观念。尤其尸体的白骨化过程是否与"三年丧期"的形成有关,或如孔子所说"子生三年,然后免于父母之怀;夫三年之丧,天下之通丧也",更值得进一步探讨。由于研究主题所限,对于这些综合性极强的理论问题本书唯有抛砖引玉。

后　记

　　墓葬，对于大多数人而言，是一个既神秘又恐怖的地方。墓葬里面可能有无尽的珠宝，也可能有令人惧怕的异域生灵。但这些，基本都是人们口口相传或者从奇幻小说和玄幻影视剧所知的。在我自己学习考古学之前，亦是如此认为！

　　我对墓葬的认识始于懵懂的孩童阶段，那时候只知道吹吹打打，跪跪拜拜，哭哭啼啼……当然，还有一丝开心，可以请假不用上学。上述的认识只是限于丧葬的仪式，对于墓葬本身，所有人都会对孩子神神秘秘地说："有鬼，会抓小孩子！"这就是我最初对于墓葬的认识，一个神秘且恐怖的地方。

　　到了懂事的年纪，对于我来说墓葬已不再那么神秘，而是成为一个让人伤心的地方，意味着永远见不到想念的人了。甚至依稀还记得，墓葬是一个深深的大坑，里面用砖和水泥做成一个券顶的房子，长和宽仅能推进去一个木棺而已。木棺前低后高，前窄后宽，上面盖着有美丽刺绣的黑色绒布，周围还坠着流苏。木棺先是吊着下去，然后再推进那个水泥小房子。这是我在这一阶段对于墓葬的认识。

　　从高二开始，我一直坚定地认为我会成为一名地质学家，但作为一名文科生，在高考填报志愿的时候，这个愿望瞬间破灭了。退而求其次，我想成为一名心理学家，但由于估分严重失误，也与这个心愿失之交臂。最终，我进入西北大学文博学院学习考古学。瞧，生活总是不尽如人意！

　　虽然考古学并非我的第一选择，但它与我向往的生活模式还算相似，而且地质学家的潇洒不羁与心理学家的探究钻研都在考古学中有所体现。特别是田野考古实习，更是加深了我对墓葬的认识。

　　我们实习的地方是甘肃临潭磨沟齐家文化墓地。墓地内墓葬的埋葬方式颠覆了我之前对于墓葬的所有认识。它既不神秘也不恐怖，甚至还有点让人好奇。墓室内并不是只有一具人骨，人骨也并不是规规整整地仰身躺在墓室内,总有一些骨骼被移动或者消失不见。这些现象因何所致,又为何如此? 遗憾的是,墓室内的人骨并不能开口告诉我们是谁动了他的骨头,以及这么做的原因? 这在我心中种下了一颗怀疑的种子,研究生期间,在导师钱耀鹏先生的指引下,我对这个问题进行了更为深入的探索,以墓葬埋藏过程为主题完成专业论文两篇,并将《半坡类型墓葬人骨位置结构异常现象》作为我的博士论文题目,基本可以回答"谁动了我的骨头?"

关于墓葬,人们以往关注的多是随葬品、墓葬形制等,而对于人骨则多止步于年龄、性别以及食谱等相关分析。虽然这些研究对于考古学而言十分重要,但值得思考的是,其实人才是墓葬的主体,是墓葬形成的前提条件,是古代丧葬习俗的主要载体。所以研究人骨,提取与分析人骨相关信息是非常必要且必需的。

田野考古发掘多采用水平整体向下的方式发掘墓葬,因而缺乏墓葬填土堆积信息,导致对于墓葬埋葬与使用过程认识不够充分。学界基本认为墓葬为一次埋葬、一次填埋而成。本书通过对人骨位置结构信息的提取与整理,发现并非所有墓葬均为一次填埋而成。虽缺乏墓葬填埋堆积信息的证据支撑,但并不影响证明半坡类型墓葬中多次填埋现象的存在。

非常感谢我的母校西北大学对我多年的辛苦栽培。其次,感谢文化遗产学院所有老师在我求学生涯中的教导。感谢在论文写作过程中给予我帮助的所有人。感谢邵晶、习通源、李宇飞、穆琼洁、蔡孟芳、方丹等为我提供论文研究资料以及论文校对工作。感谢同门师兄师姐师弟师妹的多年陪伴与支持。

感谢西安文理学院对于本书出版工作的重视与资金上的支持;感谢历史文化旅游学院院领导及各位老师,自我入职以来对我工作学习以及生活上的理解与支持;感谢文物与博物馆学专业各位老师对于本书内容提出的宝贵意见。

本书的完成离不开钱耀鹏先生的倾力指导,非常感谢先生的谆谆教导,自当铭记于心! 还要特别感谢上海古籍出版社编辑贾利民的专业与耐心,于此书完成功不可没!

于我而言,不期望本书的出版能引起多大反响,唯愿更多的人能关注这一课题,关注墓葬人骨位置结构异常现象,认识到墓葬解剖发掘的重要性!

王叶于西安
2020 年 9 月

图书在版编目(CIP)数据

半坡类型墓葬人骨位置结构异常研究/王叶著. ——
上海：上海古籍出版社,2021.5
  ISBN 978-7-5325-9972-1

  Ⅰ.①半… Ⅱ.①王… Ⅲ.①仰韶文化-墓葬(考古
)-文化研究-中国 ②人体-骨骼-研究-古代 Ⅳ.
①K878.84 ②Q983

中国版本图书馆CIP数据核字(2021)第075688号

半坡类型墓葬人骨位置结构异常研究

王 叶 著

上海古籍出版社出版发行

(上海瑞金二路272号 邮政编码200020)

  (1)网址：www.guji.com.cn
  (2)E-mail：guji1 @ guji.com.cn
  (3)易文网网址：www.ewen.co

上海惠敦印务科技有限公司印刷

开本 710×1000 1/16 印张7.75 插页7 字数124,000
2021年5月第1版 2021年5月第1次印刷
ISBN 978-7-5325-9972-1

K·3000 定价：58.00元
如有质量问题，请与承印公司联系